他是巴菲特的秘密武器，
也是世界上最有智慧的人。

紐約世貿中心被摧毀時，
巴基斯坦人立刻認為是印度人幹的，
而穆斯林則認為一定是猶太人幹的，
這種致命扭曲，導致人的認知產生極大的偏差

我從來無法準確預測，也不靠預測準確賺錢。

——查理．芒格

只要承認自己的無知，你就已經啓動智慧大門了

Charles Thomas Munger

查理·芒格 睿智人生

林　郁 編著

引言：巴菲特眼中的查理

巴菲特說他一生遇人無數，從來沒有遇到過像查理這樣的人——在我同查理交往的這些年裡，我有幸能近距離了解查理，也對這一點深信不疑。甚至我在所閱讀過的古今中外人物傳記中也沒有發現類似的人。

查理就是如此獨特的人，他的獨特性既表現在他的思想上，也表現在他的人格上。比如說，查理思考問題總是從逆向開始。

如果要明白人生如何得到幸福，查理首先是研究人如何才能變得痛苦；要研究企業如何做強做大，查理首先研究企業是如何衰敗的；大部分人更關心如何在股市投資上成功，查理最關心的是為什麼在股市投資上大部分人都失敗了。

他的這種思考方法來源於下面這句農夫諺語中所蘊含的哲理：我只想知道將來我會死在什麼地方，這樣我就不去那兒了。

——他的人生只有正向思維，而沒有負面的想法。

在一次商業聚會中，鄰座有一位漂亮的女士刁難查理說，請他用一個字來總結他的成功，查理脫口而出說是「理性」。

然而，查理講的「理性」卻不是我們一般人理解的「理性」。查理對「理性」有更苛刻的定義。正是這樣的「理性」，讓查理具有敏銳獨到的眼光和洞察力，即使對於完全陌生的領域，他也能一眼看到事物的本質。

巴菲特就把查理的這個特點稱作「兩分鐘效應」——他說，查理比世界上任何人更能在最短時間之內把一個複雜商業的本質說清楚。

二〇一〇年巴菲特說，我認識查理是在一九九六年，那時他72歲。在這二十幾年裡，查理的精力完全沒有變化。他永遠是很早起身，每天七點半開始早餐會議。同時由於某些晚宴應酬的緣故，他的睡眠時間可能要比常人少，但這些都不妨礙他旺盛的精力。

而且他記憶大驚人。我很多年前跟他講的比亞迪的營運數字，我都已經記憶模糊了，他還記得。86歲的他記憶比我這個「年輕人」還好。這些都是他天生的優

勢，但使他異常成功的特質卻都是他後天努力獲得的。

查理對我而言，不僅是合夥人，是兄長，是老師，是朋友，是事業成功的典範，也是我人生的楷模。他讓我明白，一個人的成功並不是偶然的，時機固然重要，但人的內在品質更為重要。他推動我以非同尋常的速度從猩猩進化到人類，否則我會比現在貧窮得多。

查理的頭腦是原創性（originality）——是全新的、獨創的。他有兒童一樣的好奇心，又有第一流的科學家所具備的研究素質和科學研究方法，一生都有強烈的求知欲和好奇心，幾乎對所有的問題都感興趣。任何一個問題在他看來，都可以使用正確的方法通過自學完全掌握，並可以在前人的基礎上創新。

這點上他和自己的偶像富蘭克林（一七〇六～一七九〇年）相常相似，類似於一位十八九世紀百科全書式的人物。

有一次，查理去西雅圖參加董事會，依照他的慣例「億萬富翁只搭經濟艙」，這時他身邊坐著一位亞裔的小女孩，只見她在飛行途中一直在做微積分的功課。

他對這個亞裔的小女孩印象深刻，因為他很難想像同齡的美國女孩能有這樣的定力，在飛機的嘈雜聲中專心學習。如果他乘坐私人飛機，他就永遠不會有機會近距離接觸這些普通人的故事。

「我手裡只要有一本書，就不會覺得浪費時間。」查理任何時候都隨身攜帶一本書，即使坐在經濟艙的中間座位上，他只要拿著書，就安之若素。

查理雖然嚴於律己，卻非常寬厚地對待他真正關心和愛的人，不吝金錢，總希望他人多受益。他一個人的旅行，無論公務私務都搭乘經濟艙，但與太太和家人一起旅行時，查理便會搭乘自己的私人飛機。他解釋說：「太太一輩子為我撫育這麼多孩子，付出甚多，身體又不好，我一定要照顧好她。」

查理的興趣不僅限於思考，凡事也喜歡親歷親為，並注重細節。

他有一艘世界上最大的私人雙體遊艇，而這艘遊艇就是他自己設計的。

他還是個出色的建築師。他按自己的喜好建造房子，從最初的圖紙設計到之後的每一個細節，他都全程參與。比如，他捐助的所有建築物都是他自己親自設計的，這包括了史丹福大學研究生院宿舍樓、哈佛高中科學館以及亨廷頓圖書館與園

林的稀有圖書研究館。

查理一旦確定了做一件事情，他可以去做一輩子。比如說，他在哈佛高中及洛杉磯一間慈善醫院的董事會任職長達40年之久。對於他所參與的慈善機構而言，查理是非常慷慨的讚助人。但查理投入的不只是錢，他還投入了大量的時間和精力，以確保這些機構的成功運行。

查理一生研究人類失敗的原因，所以對人性的點有著深刻的理解。基於此，他認為人對自己要嚴格要求，一生不斷提高修養，以克服人性本身的弱點。這種生活方式對查理而言是一種道德要求。在外人看來，查理可能像個苦行僧，但在查理看來，這個過程卻是既理性又愉快，能夠讓人過上成功、幸福的人生。

查理的腦子就從來沒有任何學科的條條框框。他的思想會輻射四面八方：到事業、人生、知識的每一個角落。

在他看來，世間宇宙萬物都是一個相互作用的整體，人類所有的知識都是對這一整體研究的部分嘗試，只有把這些知識結合起來，並貫穿在一個思想框架中，才能對正確的認知和決策起到幫助作用。所以，他提倡要學習在所有學科中真正重要的理論，並在此基礎上形成所謂的「普世智慧」，以此為利器去研究商業投資領域的重要問題。

查理這種思維方式的基礎是基於對知識的誠實。他認為，這個世界複雜多變，人類的認知永遠存在著限制，所以你必須要使用所有的工具，收集各種新的可以證否的證據，並隨時修正。

他的成功完全靠投資，而投資的成功又完全靠自我修養和學習，這與我們在當今社會上所看到的權錢交易、潛規則、商業欺詐、造假等毫無關係。作為一個正直善良的人，他用最乾淨的方法，充分運用自己的智慧，取得了這個商業社會中的巨大成功。

事實上，所有的人都存在思想盲點。我們對自己的專業、旁人或是某一件事或許能夠做到客觀，但是對於天下萬事萬物都秉持客觀的態度卻是很難的，甚至可以說是有違人之本性的。

但是，查理卻可以做到凡事客觀。查理也講到了通過後天的訓練是可以培養客觀的精神的。而這種思維方式的養成將使你看到別人看不到的東西，預測到別人預測不到的未來，從而過上更幸福、自由和成功的生活。

二〇一〇年初，與查理相濡以沫50年的太太南茜不幸病逝。幾個月之後，一次意外事故又導致查理僅存的右眼喪失了90％的視力，致使他一度幾乎雙目失明。這對於一位86歲視讀書思考勝於生命的老人而言，兩件事情的連番打擊可想而知。

然而，我所看到的查理卻依然是那樣理性、客觀、積極與睿智。他既不怨天尤人，也不消極放棄，在平靜中積極地尋求應對方法。

他嘗試過幾種閱讀機器，甚至一度考慮過學習盲文。後來奇蹟般的，他的右眼又恢復了70％的視力。我們大家都為之雀躍！然而，我同時也堅信：即使查理喪失了全部的視力，他依然會找到方法讓自己的生活既有意義又充滿效率。

無論順境、逆境，都保持客觀積極的心態——這就是查理。

前言：睿智的人，才擁有睿智的人生

每天起床的時候，要變得比昨天更聰明一些，認真漂亮地完成你的任務，慢慢地，你會有所進步，但這種進步不一定很快。但你這樣能為快速進步打好基礎……每天慢慢向前挪一步。到最後——如果你足夠長壽的話——像大多數人那樣，你將會得到你應得的東西。

——查理・芒格

對那些認識他的人來說，查理・芒格是一個非常特立獨行的知識分子，我們可以用「股神」巴菲特的話，「他有他自己的節拍，雖然沒人聽懂他的音樂。」

除了在伯克希爾—哈撒韋公司和其他商業、慈善事業之外，查理還以他敏銳、博學的頭腦而聞名。芒格從心理學、經濟學、物理學、生物學和歷史學等其他學科當中汲取了許多知識，以發展他的人生哲學：「多元思維」。他以多元思維來解決

複雜社會系統中的各種難題。

因此，他對商業和生活的見解是獨特的、罕見的。儘管他的演講和著作問世於很久之前，但由於立足世界最本源的智慧之上，所以即使過了這麼久，它們在邏輯和有效性上仍與當初發表時完全一致，非常實用。

採用「芒格式」的思維方式是困難的，就像模仿任何天才一樣，但是利用它的核心原則很快就能讓你變得思維清晰起來。當被問及什麼是成功的祕訣時，芒格曾經簡單地回答說：「我是個理性人。」

查理・芒格（一九二四年～二〇二三年）出生於美國內布拉斯加州的奧馬哈市。他與巴菲特一樣，芒格是奧馬哈土生土長的市民。在結束密西根大學的學業，以及服完海軍兵役之後，芒格以不具大學文憑之身分，一九四八年以優異的成績畢業於哈佛大學法學院，直接進入加州法院當了一名律師，並開始投資於證券以及聯合朋友和客戶進行商業活動，其中一些案例已被編入商學院的研究生課程。

一九七八年起，他開始擔任伯克希爾──哈撒韋公司的副主席，一直到今天……

查理・芒格是沃淪・巴菲特在事業上的黃金拍檔，有「幕後智囊」和「最後的秘密武器」之稱，在外界的知名度一直很低，透明度低，其智慧、價值和貢獻也被世人嚴重低估。

他聰明、善良、正直，從不偷奸耍滑，憑自己的智慧與努力賺取了人生的財富。現在，他是世界上最令人羨慕的人；他有最忠實的友誼、最美滿的婚姻、最幸福的家庭、最充實的人生以及最喜歡的工作！

今年（二〇二三）他已經99歲高齡了，可是他還沒退休，仍然每天上班，如今「賺錢」不是他的事業，他的事業反而是「工作」了；並樂此不疲……因為他曾經說過——只要他知道死亡在什麼地方，他就不會往那邊走！

他就是一個如此睿智的人，擁有如此睿智的人生，在他身上我們可以同時看到平凡與不平凡的光點；讓人覺得人生是可以期待、也是可以追求的，而他的幽默與機智，則會讓人感受到生命是如此可愛，生活是可以選擇的。當然我們無法變成芒格第二，但我們卻因此可以活出自己的人生！所以，我們在品味本書之後，也許可以在他的身上，學到一些什麼東西……

序章

除了懂得理性行事，還要懂得幽默風格

二〇二〇年，查理・芒格參與雷德蘭論壇，與兩位主持人進行了一場一個多小時「妙趣橫生」的對話。

這場論壇由Esri公司和雷德蘭大學讚助，面向當地社區、提供教育和文化學習項目，致力於讓社區群眾學習並參與到當代的重要議題中去。

這場論壇兩位主持人，一位是Esri（美國環境系統研究所）公司的CEO傑克・丹格蒙德（Jack Dangermond）。

傑克・丹格蒙德是一位美國億萬富翁和環境科學家，他執掌的Esri成立於一九六九年，是世界最大地理信息系統技術供應商。Esri的明星產品是ArcGIS，它為家庭提供地理信息軟體服務，二〇一三年該產品的全球市場份額超過40％。截至二〇二一年10月，據富比士估計傑克・丹格蒙德的個人資產達到86億美元。

另一位主持人拉里・伯傑斯（Larry Burgess），是當地A.K. Smiley公共圖書館的名譽董事，該圖書館的經營理念為「求知欲是唯一的入場費」。

在這次論壇中，芒格回顧了自己在加州的投資和慈善活動的誘因和初衷，他也分享了很多自己的人生軼事。

其中，他花了大量篇幅解釋自己如何得到並應用那些致勝的「竅門」。

他說，「在我的一生中，我所從事的工作，總是一次又一次地既填滿了我的腰包又滿足了我高尚的靈魂，完全符合我所接受的道德教育。所有處於這種境況的人都是非常幸運的。」

大家把芒格圍坐一堂，輪番提問，芒格的回答一如既往的精彩，而且講了不少故事細節。

一、你想要什麼，就要自己配得上它

傑克：女士們先生們，這是一個美妙的夜晚。我已經與查理共度了四個夜晚了。一次是在他漢考克公園的房子裡，他也會不時地來到雷德蘭。是不是很神奇？我從一個有趣的問題開始談話。我認為這是一個有趣的問題。

查理，你在很多地方都有投資，比如在米爾谷（Mill Valley）和聖巴巴拉，你住在漢考克公園，有時你會說你帕薩迪納的房子是你的第二個家，然後你在克萊蒙附近也有各種投資。

而現在你在雷德蘭進行投資（米爾谷、聖巴巴拉、漢考克公園、帕薩迪納、克

萊蒙和雷德蘭均為美國加州城市）。為什麼在雷德蘭投資？你怎麼思考雷德蘭這個地方的？雷德蘭有什麼東西吸引你的？

芒格：我對這個地區有天然的偏愛。一九四三年，當我還在加州理工上學時，我就經常來這裡遊玩；我的第一任妻子上了斯科利普斯學院，我的妹妹（瑪麗）也上了斯科利普斯學院。

所以，我對這個地區非常熟悉，並且我也接觸了很多喜愛這些大學的人。我一直都非常喜歡背山向陽種植的橙樹、山頂還被積雪覆蓋的加州風光。

無論如何，（這些）讓我從一開始對這個地方就有很深的偏愛。我在這裡的投資是由一場意外開啟。

事情是這樣的，我住的社區裡有一群非常成功的哈西德派猶太人（注：猶太教正統派的一支），他們在幾十年前入住了這個社區。

有一天，一個非常年輕的17歲哈西德派猶太人阿維（Avi Mayer，後來成為美國猶太人委員會AJC常務董事、公共事務高級發言人）走進我家，向我推銷一本希伯來語的《聖經》。

你知道，「芒格」這個名字聽起來會像是個德國猶太人，「芒格」在德語和英

語中都有「小販」的意思。（笑聲）

所以，一個哈西德派猶太人覺得「芒格」會讀希伯來語的《聖經》這件事並沒有你們聽起來的那麼荒唐，但我不會希伯來語。

然後，我們就開始了交談，後來自然而然的，我和阿維成了朋友，我看著他長大。再後來，阿維沒能上大學，他有輕度的注意力障礙缺失症，但智商極高。他當時（因沒有獲得大學學歷）而非常焦慮，但我告訴他：「阿維別擔心，你不需要上大學，你會非常成功。」

顯然，他現在32歲、有4個孩子，又在商業上獲得了巨大成功。我是對的，他不需要上大學。

傑克：阿維也在台下就坐，請向大家揮揮手。

芒格：阿維當時在做公寓管理業務，有個主要客戶讓他很頭疼。我喜歡並信任阿維，所以後來有一天，我就對阿維說，你為什麼不擺脫這個客戶，然後來為我買些公寓。

接著，我們看中的第一套公寓就是在這裡（雷德蘭），它也是我們買的第一套

公寓。我們就是這麼開始的。

傑克：順便說一句，他們在阿拉巴馬的公寓有非常漂亮的公園景觀。我想，這些公寓中大概一半的居住者就職於Esri。

所以，當芒格有天打電話給我想要和我見面時，我並不知道芒格到底是誰。我答應了和他會面，這也是我和芒格友誼的起點。

芒格：我在與阿維和他的合夥人魯本共事中得到了很多樂趣。買舊公寓然後把它們重新修繕是一件非常需要創造力的工作。

當然，我們的經營哲學就是：除非公寓得到了妥善的照料，否則就不會有收入。

而公寓管理行業的多數從業人員僅僅只是潤色一下公寓、只做必要維護，這對於長期投資者來說是非常愚蠢的錯誤。

我和阿維共識是，（老舊公寓的）這些設施需要立刻故級。

我記得，在我們開始的第一年（或是前幾年），我們光在四個項目的樹木栽種上就花了60萬美元。

傑克：你說得讓我（對這個公寓）都動心了！

拉里：這是個預先設計的（廣告）問題嗎？（笑聲）

芒格：不，不是的！傑克你可能會出於熱愛（而去栽種樹木），但我知道這麼做能讓我多賺錢。

所以，我不該得到很多讚揚，我非常清楚我是出於我的經濟利益而去種植這些樹。

當然，（即使它們無法給我帶來經濟回報）我也可能去種它們，但我沒辦法證明這一點。（笑聲）

不管怎樣，這是我來這裡投資的原因。

我喜歡這裡的山、這裡的樹、這裡的人、這裡的大學，但我不是從這個世界中（經過深刻研究）精挑細選了雷德蘭，僅僅是因為這個公寓項目引起了我的注意。

而當初，我並不知道這兒有一家Esri公司，我自己選擇的人生道路是通過一支鉛筆、一支鋼筆、計算機和複利表去獲得成功的，我自19歲之後就再沒接觸過微積分。所以我是一個老派的、依靠常識的並運用一點點數學力量的人。

我對像Esri這樣的軟體公司一點都不了解，如果我了解的話，我會願意為這些

（公寓）項目花更多錢。（笑聲）

我們非常幸運，當我們進入這個社區時，最大的雇主還在不斷招募員工。公寓房屋運營人員需要遵循非常多的規定，比如保證書、租金、頭期款等等，而並非所有Esri的新員工都符合這些規定。

阿維非常聰明，他知道情況之後就將所有這些要求全取消了，只要你是Esri的員工就足夠了。

傑克：謝謝阿維，我對此非常感激。

芒格：但是，他也不該得到很多讚揚，這是一個明智的商業策略，他自己都不知道這種行為是僅僅出於友善還是出於貪婪。

無論如何，我喜歡這種兩個因素向正確的方向形成合力的事情。

我和傑克都對建築感興趣。我的叔叔從哈佛大學建築系畢業，我從哈佛法學院畢業，我為我自己做了很多房屋建造項目，我也在我漫長的一生中做過很多不同種類的建築項目，所以對於我來說這更像是一種興趣，而對傑克來說這是一個職業。

所以，我當然會喜歡這個美麗的園區，這是一家成功的企業。

同時我認為，得到你想要的生活的最好方法是讓自己配得上你想要的東西，我對此深信不疑。如果你把這個信條運用到商業行為，這意味著你真的把顧客服務到位。

這個信條很明顯適用於Esri，如果Esri沒有那麼擅長服務顧客，Esri就不會發展成現在這樣。

再次重申，我不該得到太多讚揚，因為我知道服務好客戶能讓我賺更多的錢，所以我沒有用更短視的方式去運營公寓項目。

我不想帶上一個偽裝面具使我能看上去比真實的我更高尚，雖然這種方式會非常有效。我不認為我去學習德蕾莎修女、做些我不願做但道德高尚的事會更好（更有效）。

在我的一生中，我所從事的工作，總是一次又一次地既填滿了我的腰包又滿足了我高尚的靈魂，完全符合我所接受的道德教育。所有處於這種境況的人都是非常幸運的。

而在座的就職於Esri公司的你們也是非常幸運的，因為有非常多的公司具有這種道德缺陷。

二、一個好的生意要有好的管理者

傑克：我的問題是，在你的職業生涯中，你和巴菲特收購了很多公司。你們可能觀察了成千上萬家企業，你們有什麼「哲學規則」去定義一家公司是否是一家好公司？

我並不是假設你所有的收購都非常成功，因為你告訴我事實並非如此。當你決定投資或收購一家公司時，你們哲學上的基本規則是怎樣的？

芒格：我們的方式非常奇特。

我們希望買入一個從內在生意本質上就非常好的企業，它的含義是一個傻瓜就可以管理這家企業並且能管得不差，然後我們希望一個非常優秀的人去管理這個傻瓜都能管理的企業。

所以，一個非常好的生意和一個非常好的管理人會特別吸引我們的興趣，並且我們的這個方式非常有效。

當然，我們也有例外，但並不多。這是一個非常簡單的理念。

巴菲特經常說，如果你必須從好生意和好管理人當中二選一的話，他會選好生意。他想要的（生意）要有非常強大的力量。

在我當律師的時候，我的一個朋友曾說，如果一家公司連一點管理缺陷都無法忍受的話，就根本算不上是一家公司。

所以，我們喜歡的企業是：能經得起很多管理缺陷但卻不存在這些問題的企業。這是我們的配方。這個配方不完美，但它肯定比其它人的配方更有效。

當然，我們也曾拒絕一些既是好生意又有好管理人的企業，只因為成功的難度太高了。

我這一生實在是太幸運了（意為芒格的很多工作機會既能填滿腰包又能滿足高尚的靈魂）。有一次我成為了一家非營利醫院的總裁，但這家醫院是一副爛牌，它有太多的競爭對手、地位太低等等很多缺點。這種失敗對我有好處，我就想把自己暴露在令人失望的真實世界中。

我想告訴你的是，40年的（投資生涯）是痛苦與快樂並存的，而且痛苦從來都不曾離開。

如果一家企業的經營難度很高，它就總得在困難中求生路。

巴菲特說，當一家經營難度很高的企業與一位才華橫溢的管理相加，你仍然會得到一家經營難度很高的企業。但是，一門困難的生意（無論管理人多優秀）它仍會持續困難。

企業是這樣，人也是這樣。

如果你的一個孩子讓你失望，那你需要很多運氣（去改變他）。（笑聲）

三、創造雙贏，才是唯一會不斷重複和持續的有效配方

傑克：有一次，你提到當你和別人達成協議時，你有特別的談判方式。你能否向今天的觀眾（多數為Esri的員工）解釋一下，你與朋友或者生意夥伴談判時你怎樣不計成本也取得勝利，你在這方面的哲學基礎是什麼？

芒格：不，不，不……真實生活中真正有效的只有雙贏。這要求你要有同理心（能感知對方思考問題的方式和了解對方的需求），但是雙贏是唯一能不斷重複和持續的有效配方。

並且只有在雙方都互相信任對方時，雙方才在真正意義上進行合作。

想像一下，梅奧診所（Mayo Clinic，亦作妙佑醫療國際，全美規模最大、設備最先進的綜合性醫院）的手術室，整個團隊都互相信任，他們知道該在什麼時候、該做什麼事、該給誰打電話求助等等，每個人都按部就班地行事。

所以，我們希望達成這種雙贏的狀態。當然我一直能夠識別這種雙贏的狀態。我是好市多（Costco）的董事，有人以為好市多的採購是一個強硬的對頭，對此它的名聲在外。

但我不認為它強硬，好市多的很多小供應商實際都很有錢，好市多的目的實際是雙贏，雙贏才有效。

傑克：它既與顧客實現雙贏，又與供應商實現雙贏，還與員工實現雙贏。

芒格：毫無疑問。所有的人都必須達到雙贏。彼得・考夫曼（名編輯，也是企業家，是查理的好友）的處事原則就是雙贏。

傑克：考夫曼幾周之前也在雷德蘭，他是芒格的好友。

芒格：彼得・考夫曼是我最不想與之競爭的人。

他把自己的客戶服務得非常好，我從沒聽到過他的客戶有任何抱怨，除了說他價格太高了。除此以外，他的生意是完美的。

四、閱讀是上帝最好的禮物

傑克：你是不是一天看一本書？

芒格：……我會掃很多書。我有成噸的書，很多人寄給我，很多我完全不認識的人會給我書。我現在根本就不自己買書。

在我年輕的時候，我會在紐約時報上訂閱書籍。但現在我有成噸的書，而且這些送我書的人對我的了解程度讓我非常驚訝。

傑克：讀這麼多書對你的人生產生了什麼影響。

芒格：這對於我來說很完美。

我不認為，你能讓每個書蟲都變成億萬富翁，拍拍一個小男孩的腦袋，然後對他說「盡情閱讀吧」。如果是這麼簡單的話，就會有更多億萬富翁。但閱讀對我的幫助是巨大的。

當我學會了閱讀和數學之後，我就一直在閱讀。通過閱讀，你可以獲得很多，並且你可以按照自己的節奏獲取（知識和信息）。

如果一個人和你對話，他可能會告訴你你不想知道或者已經知道的東西，太難了、又或者他講得太快或太慢。但當你閱讀的時候，你可以按照自己舒服的節奏。

所以，閱讀是上帝的禮物，如果你喜歡自學，沒有什麼比閱讀更好的了。閱讀的人可以得到很多優勢。

拉里：你如何看待專業化vs多樣化的興趣？

芒格：專業化當然是多數人最安全的晉升方式，專業化也是多數人獲得社會獎勵的方式。

當你長了結腸癌，你不會希望你的主刀醫師精通普魯斯特（注：指馬薩爾・普魯斯特，20世紀法國最偉大的小說家之一，代表作《追憶似水年華》）或者政治學。這個世界嘉獎專業化人才是可以理解的。

但我從不喜歡專業化，我喜歡從閱讀中尋找好想法。我想做的是去所有領域中

嬉戲，並且我決定無論我從中能夠獲得多少（財富），我都願意依靠（這些財富）生活下去。

我不建議別人這麼做。因為最安全的方式是在某一個領域內盡可能的專業化，接著我們生態體系會讓你脫穎而出。

如果Esri去幫人修繕草坪，Esri是不會太成功的。

五、如果你能忍受人終須一死這個現實，那還有什麼你無法忍受的呢？

傑克：與10年前或者是大蕭條時期相比，你對現在的經濟狀況有什麼看法？

芒格：你們要記住，與其他所有時代和地區的人相比，我所生活的時間和地區是最容易取得成功的。

你們想像一下，我出生於一九二四年的內布拉斯加州奧馬哈市的白人資產階級家庭，我的一生都享受了巨大的時代紅利。

沒有其他任何時代像我所經歷的時代一樣，解決了更多的問題、治療了更多的疾病、取得了更大的社會財富和生活水平增長等等等等。

出生於二〇二一年的男性的未來會更容易嗎？我不這麼認為，我認為未來會更艱難，你甚至能看到種情境的到來。

在我的時代中，有些紅利是來自意外，比如可怕的氫彈給我帶了超過60年的和平。我是說大的和平環境，我們會爆發小戰爭。我的父親曾擔心他兒子從一場戰爭回來後就要去參加另一場戰爭。

我持續不間斷地投資了美國企業長達70年，這是非常好的70年。我想這70年的平均財富增長差不多是40倍，此前從來沒有類似的時間段。

當然，實際除去通脹的增長沒有40倍，每年大概有2-3％的增長是由通脹因素導致的。我們假設實際增長率是7-8％。現在出生的人在他的一生中，每年實際財富增長7-8％、持續70年並沒有大型戰爭，這種情況發生的概率是多少？要我說，這種情況發生的概率幾乎為零。

當然，我不認為有任何因素會導致我們喪失信心。

人終有一死，我們處於一場我們無法獲勝的遊戲之中，如果你能忍受這個現實，還有什麼你無法忍受的呢？

傑克：更短的時間維度上你怎麼看？現在是投資股市的好時點嗎？

芒格：我持續地投資於美國的權益市場。

我經歷了三次伯克希爾股價下跌超過50%，這不太影響我。這大概就是成年人正常的生活狀態而已。如果你們和我對此抱有相同的態度，這一點都不重要。

我一直很喜歡吉普林的詩《如果》，對於成功和失敗，他說應該「把這兩個騙子當作一樣看待。」從容應對它，有些時候它會站在你這邊，有些時候它又站到你的對面，他們都是同一場遊戲的一部分。

你應該擺脫瘋狂的憎恨與（厭世）。我並不是說，你們不應回避（與）差勁的人（相處、共事），你只是沒必要恨他。很少有人比我更會回避差勁的人。

我不覺得下一代人（想要獲得成功）會像我這麼容易。

傑克，如果你現在重頭再來的話，你可能也不會這麼容易成功。（笑聲）我還不急著回去重頭來過，你想要回去再試一次嗎？

傑克：不，我們都不想重頭來過。

拉里：你介不介意接受觀眾的提問？

芒格：我在伯克希爾年會一直接受觀眾們的提問，有時候我會拒絕回答，但是我總會允許別人提問。（笑聲）

六、如果你真的喜歡解決難題，這會是一個巨大的優勢，它大概能提高20％智商。

觀眾提問1：讓我感觸很深的是你的幽默感，還有你與你的夥伴（巴菲特）在大眾面前交流時表現出的幽默感。

我的問題是，這種幽默感是你長期訓練培養起來的，還是你與生俱來的敘事能力？

芒格：我想我和巴菲特的天資很像，我們都有點書呆子氣，青春期都不怎麼成功，但我們都喜愛幽默，我們也都喜歡去理解事物的運作方式。

我們也都非常幸運地吸引了優秀的同事和合作夥伴，如果我們的天資不好，我們會很瘋狂。

我想如果你沒有幽默感，我不認為你能獲得幽默感；而羞澀內向也是一樣的。

你想在一定程度上克服羞澀內向，但本質上我們都在我們與生俱來的狀態下生活著。

天分是與生俱來的，你只能在此之上去修建。

但是，巴菲特和我在商業活動中獲得了樂趣。我們喜歡我們的生意；我們喜歡與我們共事的人；我們喜歡解決難題。

如果你真的喜歡解決難題，這會是一個巨大的優勢，它大概能提高20%智商。

觀眾提問2：我想請你回到20多歲的時候，當你剛開始展望你可能會從事什麼工作、你的未來可能是怎樣的時候，是什麼引起了你的興趣？什麼事情點燃了你的熱情？什麼引領了你走上你之後走的路？

芒格：你來自一個傳統的家庭，我的父母很恩愛、兄弟姐妹感情很好等等，我父母的朋友也都是極好的人。

我以前常說我在洛杉磯很難找到像在奧馬哈那些那麼優秀的朋友。所以，青少年時期的我處於一個不正常的理想化的生活環境。

巴菲特也是一樣，他小時候生活環境不比我差。所以，這些是事實，它們自然而然地發生了，很多事情是與生俱來的，還有很多事情（是後天的），需要恰當的訓練和恰當的成長背景。

我爺爺的出身極度貧窮，他的父母都是學校老師。在當時內布拉斯加州的小鎮上，兩個教師的收入沒有辦法供他們的兒子每天晚上吃點肉！他只能用5美分從肉攤上買點別人不吃的動物部位。

如果你出身那麼貧窮，然後自己自力更生，那你會是個人物。

他就是自學成才的，而他的自學可不容易，他的母語是拉丁語和希臘語，依靠這兩種語言自學成才。

所以，我的榜樣都非常有趣。

我的芒格爺爺從骨子裡相信人應該變得理性，他自己確實這麼行事，我親眼看著他依靠理性行事，這對他非常有效。

這讓他成為了地區檢察官和律師從業協會主席，最後成為了一位非常年輕的聯邦法官，而且是在州首府唯一的聯邦法官、任職了任40年。

他有燦爛的一生，他的支出總是遠低於他的收入，這讓他能夠在別人需要的時候幫助他人。他是非常好的榜樣。

他對（理性行事）非常堅定。

他從不喝酒，有人問他：芒格先生，你為什麼不喝點酒呢？他的回答是，我為什麼要付錢把會讓我腦袋變蠢的東西灌入我的嘴裡？（笑聲）

當我的父母結婚時，他在宴會上舉杯慶祝時說道：每當我在婚禮上，看到過道兩邊的人都是同一類的人時，總會讓我感到特別樂觀。

這是政治不正確的，但卻是可以理解的情緒。（編按：指法庭上或是政治上，過道兩邊的人通常針鋒相對；這裡，觀眾也沒有笑，可能觀眾也沒有完全理解芒格的意思——敵人都站在對立面，只有芒格一人在笑。）

所以，我的周圍都是些有趣的榜樣，我也生活在一個和平的大環境中；但取得經濟成功的原因不是超乎常人的能力，我很聰明但遠稱不上天才，但我一生在經濟上的成功是驚人的。

這只是因為一些竅門，僅僅是因為我學會了用一些竅門。

第一章

查理・芒格的故事

I・來自奧馬哈的雙傑

想成為最優秀的人，就要向最優秀的人學習。

——巴菲特

查理・芒格（Charles Thomas Munger，一九二四年～二〇二三年）是股神巴菲特的黃金搭檔，有「幕後智囊」和「最後的秘密武器」之稱。他在外界的知名度、透明度一直很低，其智慧、價值和貢獻也被世人嚴重低估。

一九二四年1月1日出生於美國內布拉斯加州的奧馬哈市，一九四八年以優異的成績畢業於哈佛大學法學院，直接進入加州法院當了一名律師，並開始投資於證券以及聯合朋友和客戶進行商業活動，其中一些案例已被編入商學院的研究生課程。經歷一次成功買斷後，芒格漸漸意識到收購高品質企業的巨大獲利空間——一家資質良好的企業與一家苟延殘喘的企業的區別在於，前者一個接一個地輕鬆作出決定，後者則是每每要面對痛苦的抉擇。

芒格此後開始涉足房地產投資，他在一個名為「自治社區工程」的項目中賺到人生的第一個百萬美元。但有趣的是，伯克希爾一直都沒做房地產的投資。

從一九七八年起，他開始擔任伯克希爾—哈撒韋公司的副主席至今。

巴菲特與芒格這對黃金搭檔創造了有史以來最優秀的投資紀錄。在過去40年裡，伯克希爾股票以年均24%的增速突飛猛進，目前市值已接近一千三百億美元，擁有並運營著超過65家企業。

在破天荒地接受一家美國媒體專訪時，芒格把這一切歸功於巴菲特：「在過去近50年的投資長跑中，他始終表現出超人的聰穎和年輕人般與日俱增的活力。」

巴菲特評價查理：「當他在商業上越來越有經驗的時候，他發現可以運用小小的改變卻十分實用的方法來規避風險。」

芒格藉助他在其他領域取得的經驗和技巧，在房地產開發與建築事業上屢有斬獲。而這時的巴菲特還正在籌措自己的巴菲特合夥基金。與芒格早已和一些合作夥伴建立密切關係不同，巴菲特此前一直是獨家經營。遇到芒格時，巴菲特才29歲，

芒格是34歲。

兩人一見如故並惺惺相惜。「查理把我推向了另一個方向，而不是像格雷厄姆（當代證券投資學鼻祖，巴菲特的老師）那樣只建議購買便宜貨，這是他思想的力量，他拓展了我的視野。我以非同尋常的速度從猩猩進化到人類，否則我會比現在貧窮得多。」巴菲特坦言。

芒格也承認他們共同的價值取向。「我們都討厭那種不假思索的承諾，我們需要時間坐下來認真思考，閱讀相關資料，這一點與這個行當中的大多數人不同。我們喜歡這種『怪僻』，事實上它帶來了可觀的回報。」

他們經常互通電話徹夜分析商討投資機會，「芒格把商業法律的視角帶到了投資這一金融領域，他懂得內在規律，能比常人更迅速準確地分析和評價任何一樁買賣，是一個完美的合作者。」

有一位合夥人不禁在讚賞之餘，十分感性地說：「查理與沃倫比你想像的還要相像，沃倫的長處是說『不』，但查理比他做得更好，他會說『不、不』，難怪沃倫把他當做最後的秘密武器。」

我認識一個製造釣鉤的人，他製作了一些閃閃發光的綠色和紫色魚餌。
我問他：「魚會喜歡這些魚餌嗎？」
「查理，」他答道：「但我並不是要把魚餌賣給魚呀！」

——查理・芒格

芒格常常站在投資理論系統之外想問題，他的思維與眾不同，使他經常可以得出一些有趣的結論——

「要記住那些竭力鼓吹你去做什麼事的經紀人，他們都是被別人支付佣金和酬金的，那些初涉這一行、什麼都不懂的投資者不如先從指數基金入手，因為它們畢竟由公共機構管理，個人化的因素少一些。一個投資者應當掌握格雷厄姆的基本投資方法，並且對商業經營有深入的瞭解，你要樹立一個觀念：對任何價值進行量化，並比較不同價值載體之間的優劣，這需要非常複雜的知識架構。」

芒格大體上同意「市場是有效率的」這種說法，「正因如此，成為一個聰明的投資者就尤其艱難。但我個人認為市場不是完全有效的，因此這個部分的有效性（some what efficient）就能夠帶來巨大的盈利空間，令人咋舌的投資紀錄很難實

現，但絕非不可能，也不是金字塔頂尖的人才能做到，我認為投資管理界高端30～40％的人都有這個潛力。學院派讚美多樣化的投資理念，這對優秀的投資者是一個傷害。伯克希爾風格的投資者極少嘗試多樣化。學院派的觀點只會使你對自己的投資紀錄與平均水平相差不遠、感受好一點而已。」

芒格認為很多時候當別人逐漸喪失理智時，成為一個理性的投資者的重要性不言而喻，他說：「我們不會把450億美元隨便擱在那兒，但你必須能判斷出那個高科技股票直躍雲霄的癲狂時刻並控制自己遠離它。雖然你掙不到任何錢，但卻可能幸免於滅頂之災。」

「對於被動式投資者而言，不同國家的文化對他們有不同的親和特質。有些是可信賴的，比如美國市場，有些則充滿不確定風險。我們很難量化這種親和特質和可信的原因，所以很多人就自欺欺人。這很危險，對於新興市場而言，這是最重要的研究課題。」芒格認為，從一大堆官方的經濟數據中根本無法清晰判斷美元與歐元之間匯率走向這樣的複雜問題，「經濟學家斯坦恩（HerbStein）曾說過，如果某些事物不能永遠長存，那麼它終究會停下來。」

芒格認為，去深刻理解怎樣變成一個卓越的投資者，會有助於成為一個更好的經營者，「反之亦如是。沃倫經營產業的方式不需要花費多少時間，我敢打賭我們一半的生意巴菲特都不曾涉足，但這種輕鬆的管理方式帶來的績效卻有目共睹。巴菲特是一個從不介入微觀管理的優秀經營者。」同時，他也分享了自己的投資體驗：「許多智商很高的人卻是糟糕的投資者，原因是他們的個性缺陷。我認為優秀的個性比優秀的大腦更重要，你必須嚴格控制那些非理性的情緒，你需要鎮定、自律，對損失與不幸淡然處之，同樣地也不能被狂喜沖昏頭腦。」

芒格和巴菲特的老師格雷厄姆一樣，都以班傑明・富蘭克林為偶像。富蘭克林是美國19世紀最優秀的作家、投資者、科學家、外交家和商人，還對教育及公益事業做出了傑出貢獻。

芒格從富蘭克林那裡學到了一種思想，那就是一定要變得富有，以便為人類做出貢獻。「富蘭克林之所以能有所貢獻，是因為他有（資金）自由。」他說，「我常想做一個對人類有用的人，而不願死得像一個守財奴一樣。但有時，我離這樣一種思想境界還差得很遠。」要為人類做出貢獻，就一定要變得富有，而要真正地富有，一個人必須建立自己的企業。

他說：「對於投資，人類並沒有被賦予隨時隨地感知一切、瞭解一切的天賦。但是人類如果努力去瞭解、去感知——通過篩選眾多的機會——就一定能找到一個錯位的賭注（編按：指憑機會決定的冒險與獲利）。而且，聰明的人會在世界提供給他這一機遇時下大賭注。當成功概率很高時他們下了大賭注，而其餘的時間他們按兵不動，事情就是這麼簡單。」

（編按：億萬富翁查理．芒格，已於二〇二三年11月28日逝世於加州一家醫院，他十分安詳地走了，只差一個月又兩天，他就滿一百歲成為一個世紀的見證者。）

2・芒格的生平

人的一生是短暫的，但如果卑劣的過一生，就太長了。

——莎士比亞

一六三七年，芒格的祖輩從英格蘭移民到了新大陸的，比美國成立還早一個半世紀。在長達二百多年的日子裡，這個家族都默默無聞。直到20世紀初，有一個叫湯瑪斯・芒格的人成為聯邦法官，才總算是出人頭地。

湯瑪斯正是查理・芒格的祖父。小時候，由於家裡極度貧窮，湯瑪斯常常要在菜市場的屠夫要收攤時，才去買5分錢一塊的降價打折的肉。好不容易考上大學，家裡實在供不起，上了一年就輟學了。後來自學成才，成為一名法官，並爬到了聯邦法官的高位。

由於小時候的貧困太刻骨銘心，湯瑪斯把自食其力和努力工作當作人生信條，他認為孤島生存的魯賓遜是值得效仿的人生楷模，於是，在兒孫們很小的時候，他和太太就會反覆給孩子們講《魯賓遜漂流記》的故事，還要求他們必須熟讀那本書，學習魯賓遜的精神。

芒格小時候也總是被祖父母抱在腿上聽魯賓遜的故事，這在他幼小的心裡種下了一個理念，他「希望變得富有以得到全面的自由，就像魯賓遜在自己的島上，不必理會任何別人所說的話。」

芒格的爸爸叫阿爾，是哈佛法學院畢業的高材生，畢業後在內布拉斯加州奧馬哈市當律師，後來擔任了當地的助理總檢察長。

查理・芒格出生於一九二四年1月1日，當時正值「柯立芝繁榮」的時期，小芒格的兒時生活，過得無比幸福。

等芒格稍長大一點，父親會把兒子的愛好也當成自己的愛好那樣去對待。例如，當芒格加入學校步槍隊時，阿爾就和他一起訂購《美國步槍手》雜誌，一直堅持到自己去世之時。

芒格小時候有輕微的閱讀障礙症，不過媽媽很有耐心地教他，幫助他克服了這個問題。後來，芒格就徹底愛上了閱讀，尤其愛讀各種名人傳記。聖誕節的時候，父母給他的禮物總是幾本書，而他能夠如饑似渴地一個晚上就看完。

芒格也是個調皮的孩子。他曾經故意從路上撿起一隻死老鼠，把媽媽嚇得哇哇大叫，落荒而逃。後來一貫溫柔的媽媽拿著衣架把他追出了幾條街。

十來歲時，芒格在一家名為「巴菲特父子商店」的雜貨鋪打工（這家店正是他後來搭檔沃倫·巴菲特的祖父開的）。店主歐內斯特·巴菲特是個特別嚴厲摳門的老頭子，讓芒格充分領略到打工的艱辛，以至於後來芒格認為，這次打工經歷「是一次理想的從商入門教育」，因為「迫使他去尋找更輕鬆的職業。」

17歲的那年，芒格考上了密西根大學數學系，不過沒讀多久，就因為美國捲入了二次大戰而被徵召入伍了。

他入伍的時候正值天寒地凍，新兵訓練營的生活苦不堪言。每當筋疲力盡地躺在被大雪覆蓋的冰冷帳篷時，他總是和其他的新兵一起聊到未來。

芒格的夢想是：「我想要一堆孩子、一幢房子、房子裡有很多書，還有足夠的財富，可以過上自由的生活。」

新兵訓練結束後，芒格參加了部隊分配考試。他的智力考試成績極高，但是體育考試成績極差，最後被選派到空軍，去當氣象研究員。

他先是被軍方派往新墨西哥大學學習自然科學和工程，後來被派到加州理工學院學習熱力學和氣象學。

加州理工學院是世界著名學府，美劇《生活大爆炸》裡面的怪才科學家們，就是在此生活和工作。其所在的帕薩迪納市是一座風景優美的小城，芒格一眼就愛上了這座城市，日後幾十年，他就生活在這裡。

這時，他的妹妹瑪麗，此時正在離加州理工不遠的斯克利普斯學院讀書，她把自己的室友南希・哈金斯介紹給哥哥認識。結果，兩個年輕人一見鍾情。

由於當時正值二戰，無數美國青年男子都要奔赴戰場，他們常常要和女朋友經歷長時間的分離甚至是永別，這給愛情塗上了一層異樣的浪漫色彩，就像「羅密歐與茱麗葉效應」，戀人們因此變得衝動而瘋狂。

芒格和南希的情況就是如此。他們見面沒有多久，就結了婚，並很快有了孩子——那時，新郎21歲，新娘才19歲，倆人都還在學校讀書。

不過，這一對新婚夫婦倒是沒有經歷太長的生離死別。芒格被派往遙遠的阿拉斯加執勤，這裡遠離戰場，除了極度嚴寒以外，倒不會有什麼生命危險。

阿拉斯加地近北極，有小半年時間幾乎籠罩在黑暗之中。芒格對氣象員這個工作，熱愛度完全為零。閒得無聊之下，除了思念妻兒，只能每天以打橋牌為樂。

> 人不應該像走獸那樣活著，應追求知識和美德。
>
> ——佚名

所幸，戰爭很快就結束了。一九四六年，22歲的芒格從空軍退伍。當時，美國政府為戰場上退下來的百萬軍人設立了《美國軍人權利法案》，支持退伍軍人上大學，芒格也想繼續未完成的學業。

由於在加州理工被學霸打擊，芒格覺得自己永遠競爭不過那些物理學教授，便選擇走父親的老路：報考哈佛法學院。

作為從小的優等生和哈佛校友的兒子，芒格對自己能上哈佛法學院充滿信心。但結果卻令他大失所望。學校說他沒有本科文憑，不予錄取。

好在芒格家族在內布拉斯加已經有了深厚的人脈關係，哈佛法學院前任院長羅斯科・龐德，就是芒格家的好友。芒格找了這位叔叔幫忙，走後門進了哈佛。

儘管進入學校是走的後門，但芒格沒有給龐德叔叔丟臉。在哈佛，他第一年就拿了獎學金。畢業時，是以「magna cum laude」的榮譽拿到法律博士證書。這個拉丁語意思是「極大的讚譽」，只頒給學院前4%（12／335）的學生。

在哈佛讀書期間，他和南希又生了一個女兒，養在學生宿舍。由於地方太小，女兒的嬰兒床只能放在浴缸裡。

24歲那年，芒格帶著法學博士學位、兩個孩子和懷了第三胎的太太，回到了加州的帕薩迪納市。

由於在哈佛的成績優異，他很快就取得了律師執業資格證書，加入了洛杉磯有名的賴特和加勒特律師事務所，月薪275美元。

這個月薪現在看著不高，但在一九四九年的時代，已經是不菲的收入了。所以，芒格在養三個孩子的同時，還能存下一些錢來。在一個建築師親戚的幫助下，他在南帕薩迪納蓋了一棟大房子。

至此，他年輕時的夢想，全部都實現了。

一九五〇年代，是美國歷史的黃金年代，挾二次大戰後的救世主之餘威，美國人民全面進入最幸福的10年。

不過，幸福的人裡不包括芒格。他正邁入了個人歷史上最悲慘的10年。

年輕時感性勝過理性的衝動婚姻，此時已經開始產生了裂痕。他和南希的理念幾乎完全不對盤，兩人經常吵架，朝對方大吼大叫。

「瞎子都看得出來他們不快樂！」

「世界上沒有比他們更不合拍的夫妻了。」

——這是兩個女兒日後對這段婚姻的回憶。

在痛苦的爭吵中，倆人最終決定結束這段婚姻。離婚之後，芒格搬出了自己親手建造的房子，在大學俱樂部租了一間破爛的單身漢宿舍，只能每週六開著一輛連小偷都不感興趣的破車去接孩子們玩。

但是，就連每週六這樣的快樂，也沒能持續多久。他們的第一個孩子泰迪，被查出了白血病。在那個年代，白血病是必死無疑的絕症。芒格和南希耗盡所有積蓄，想盡一切辦法，都沒能挽救孩子的生命。

幾個月後，芒格站在醫院的病床前，眼睜睜地看著9歲的兒子一點一點地沒有

了聲息。他抱著瘦小的屍體哭了一陣，然後跑到外面，沿著街道邊走邊哭。這是他人生中最痛苦的時刻。

所幸，在這個時有另一女人出現，給了他很大的安慰。

在泰迪去世之前，芒格通過聯誼會相親認識了新女友。新女友名字也叫南希，她和芒格一樣，也是離異，獨自帶著兩個孩子。

他們相識沒多久，芒格就搬到新南希的家裡去住了。他的三個孩子和南希的兩個孩子，正好能玩到一起。只不過此時泰迪已經病重，只能看著弟弟妹妹們瘋跑。

泰迪去世幾個月後，芒格和南希舉行了婚禮。此後，他們共同生活了55年，直到南希逝世為止。除了各自從前一段婚姻帶來的兩個小孩以外，他們又共同生育了4個孩子，所以這個家庭最終共有8個孩子，最大的和最小的整整相差20歲。

在一九五九年，他父親阿爾・芒格，在68歲的年紀，也突然去世了，芒格再次陷入悲傷。後來，出於對父親的思念，他把阿爾用了幾十年的公事包拿來自己用，並在上面刻上了父親和自己的名字。

正是在回老家處理父親的後事期間，芒格的人生，從此進入下一個篇章——

那一次，他遇到了巴菲特。

巴菲特比芒格小6歲，小時候兩家離的很近，有很多共同的熟人，甚至還先後在巴菲特家的雜貨店鋪打工，不過互相一直不知道對方的存在。

巴菲特碩士畢業後，在老家搞私募投資。一九五七年，他到一個名叫戴維斯的醫生家去募資，想讓對方投資一萬美元。想不到，戴維斯醫生雖沒怎麼聽他講，就決定找十個醫生每人一萬元，一共投入十萬美元。

當巴菲特在震驚之下，結結巴巴地問原因時，戴維斯醫生說了一句：「因為你和查理・芒格很像。」

從此，「查理・芒格」這個名字，深深印在巴菲特腦海中。

兩年後，他們終於第一次見面了。

戴維斯醫生的兒子是芒格小時候的玩伴。在芒格回來處理父親的後事時，他安排二人會面。巴菲特說：「太好了。我倒要看看，你爸爸說我和他很像，到底是誇我還是損我。」

於是，他和芒格見面了。據旁觀者稱，巴菲特那天一反常態，出奇地安靜，平時酷愛主導談話的他，一個晚上都在耐心地聽芒格說話。

這是真正的一見鍾情。他們彼此都對對方留下深刻印象，交談得意猶未盡。在座的其他人對他們來說似乎都不存在，他們的眼裡只有對方。

第二天，他們又相約在一起。兩個人之間的話題談不完。芒格拉著巴菲特只顧聊，當別人要開口說話時，他還不耐煩地揮手示意別人不要打斷他倆的聊天。

芒格回到加州後，巴菲特每天都和他通電話，有時一打就是好幾個小時。電話打不過癮，還常常寫信，最長的一封寫了9頁紙。

一個月後，巴菲特專程飛到加州去看芒格。芒格在家中設宴接待巴菲特，孩子們都對此印象深刻，因為他們覺得這兩個人的說話口音和笑聲都很像。

3．他是天生的投資奇才

人生就像一本書，傻瓜會走馬看花隨意翻閱，聰明人會用心閱讀，因為他知道這本書只能讀一次。

——保羅

巴菲特告訴芒格：以你的天才，做律師太可惜了，你應該做投資事業才對。

其實，巴菲特是想拉攏芒格一起跟他搞投資。因為這麼多年來，他一直是孤軍奮戰。而這一次碰到如此絕佳的一個夥伴，他可不想放過。

但芒格沒有馬上答應。不過，他把自己認識的有錢人都介紹給了巴菲特，其中很多都成了巴菲特的投資人。

可以說，是芒格把巴菲特從內巴拉斯加平原帶到了富庶的西海岸。

認識的那一年，芒格35歲，巴菲特29歲。此後他們的友誼一直持續到今天。

芒格之所以沒有馬上去幹投資，是因為他的律師業務幹得還不錯。他是當時洛杉磯地區最受歡迎的王牌律師之一。

他會勤奮地連夜分析案子，整理思路，並且在客戶到來時，幾分鐘就可以馬上給出完整的方案。客戶往往為這種超高效率而大吃一驚，也為他的專業性所折服，從而指定他為專任委託律師。

一九六二年，芒格自立門戶，成立了以自己為首的律師事務所。不過，三年後他終於離開了這個行業。因為那時，41歲的他已經實現了財富自由，不再需要依靠當律師來養活自己了。

早在一九六一年，芒格就開始了房地產業務。當時，一個名叫奧提斯·布思的客戶，因為爺爺去世，繼承了加州理工大學附近的一塊土地想賣掉，請芒格幫忙處理有關遺產處置的手續。

芒格看了土地的資料後，對布思說，現在南加州發展這麼快，幹嘛要把土地賣掉呢？你不如留著自己開發房地產。

布思說：主意是不錯，不過沒有你，我可搞不了。你願意入股嗎？

芒格大笑，說道：要是我自己看好的項目，自己都不願意入股，那未免太自取其辱了。

於是，他們湊了10萬美元，蓋起了一棟公寓，後來賺回50萬美元。

有了第一次的成功，他們又合夥搞了別的建案。芒格敏銳地觀察到，當地人都喜歡住平房而不是高層公寓，尤其喜歡綠化好的房子。所以他後來開發的房子都是平房，而且極端注重綠化，所以在市場上極受歡迎。

做了五、六個案子之後，芒格大有斬獲一共賺了140萬美元。在那個年代，這已經是了不起的百萬富翁了。

和他一起搞房地產的搭檔布思，自然也賺到了很多錢。不過，對布思來說，與芒格合夥的好處可不止這一點點，日後，他將因為對芒格百分之百的信任，而成為10億美元級別的大富翁。

也是在一九六二年，在巴菲特的多次勸說和催促之下，芒格在做律師和開發房地產之餘，終於正式踏入了投資行業。

他的工作主要是研究和買賣證券，以及收購一些小型企業。有時是自己投資，有時通過合夥公司投資，有時和巴菲特一起投資。

芒格從一開始就採取了後來被稱為「價值投資」的投資方式。他從不炒短線，

而是深入研究公司的價值，一買入就長期持有。

同時，他在投資中也堅持著自己做人的原則：寧可別人負我，不可我負別人。有兩個例子可作證明——

一次，有一家公司因創始人意外去世、經營不善而被他們收購。在處理債務的過程中，他們發現工廠在很早之前欠創始人兩個姑姑各八萬美元。

一般而言，在此種情況下出售的公司，債權都是要打折的。不過，芒格不願意對兩位老太太趁火打劫，他說服合夥人古瑞恩，堅持按照全額支付。

而古瑞恩，很快也在自己的事情上體會到了芒格的這種風格。

當時，他因故要退出專案，按照約定，他的股份由芒格收購。在談判收購價時，芒格問：你想要多少錢？

古瑞恩當時正需要二十萬美元，就咬咬牙，說：「我的股份現在值二十萬。」

芒格說：「不，你算錯了。」

古瑞恩很尷尬，心想，完了，我果然要得太多了。

結果，芒格又加了一句：「你那份現在值三十萬。」

說完，就給他開了一張三十萬的支票。

從那以後，古瑞恩對芒格佩服得五體投地，毫無條件地信任他。他後來也因為跟著芒格的合作，而成為億萬富翁。

芒格的合夥人投資公司一直運營到一九七六年初才結束。14年間，儘管在一九七三和一九七四年因美國股市大跌而連續兩年出現過30%以上的虧損，但其複合投資回報率仍然達到了年均19.8%，其中每個合夥人的投資回報率為年均24.3%。

> 生活就是一連串的「機會成本」，你要與你能較易找到的最好的人結婚，投資與此何其相似啊！
>
> ——查理・芒格

在投資生涯的早期，芒格和巴菲特還只是零星業務的合作。二十世紀60年代末，他們開始在一個大項目上密切合作。

正是這個項目，改寫了巴菲特的投資歷史，也改變了芒格的命運。這就是在巴菲特和芒格投資生涯具有重要意義的項目：「藍籌印花」。

當時，美國加州一些商家在出售物品時，會根據消費金額，贈送給顧客不同數

量的印花，當顧客集齊若干印花時，就可以兌換一些小禮品。直到現在，有很多賣場仍然在運用此種促銷方式。

藍籌印花就是向商家發行印花的公司。商家付錢向它買印花，由藍籌來集中購買需要兌付給顧客的禮品。在60年代末，其已成為加州最大的優惠券公司。

這家公司本身的銷售額並不高，高峰期大約在1.2億美元左右。但是，芒格看中了這家公司的一點：浮存金（編按・指保戶向保險公司交納的保費，有一部分，保險公司可以拿去進行投資）！

對於印花公司而言，從商家付錢買印花，到顧客集齊印花來兌換禮品，中間會相隔很長一段時期，甚至很多時候顧客的印花會丟失或懶得兌換。這意味著，藍籌印花公司的帳面上，總是會有大筆的浮存金。

如果能把這筆錢拿出來投資，幾乎等於是零成本獲得資金。

巴菲特一聽就明白了這種生意的奧妙。於是，他們開始大筆購進藍籌印花的股票，到後來，他們共計控制了75％的已發行股，並且巴菲特、芒格和古瑞恩都進入了藍籌的董事會。

當時，藍籌印花的帳上大約有1億美元的備用金。控制了藍籌，讓巴菲特和芒格一下子多了1億美元的無成本現金，擺脫了需要找投資人來融資的模式。也就是在那時，他倆都分別關閉了自己的合夥人企業，把資金和股票全都併入了巴菲特幾年前收購的一家紡織企業伯克希爾—哈撒韋。

利用藍籌印花的充裕資金，巴菲特和芒格先後收購了喜詩糖果、布法羅新聞集團和威斯克金融公司，這些以幾乎零成本資金收購的公司，後來都帶來了巨額的回報，為伯克希爾早期業務打下了堅實的基礎。

由於芒格的加入和啟發，巴菲特的投資模式得到全面的改變。

第一個變化是：早先，巴菲特是找親戚朋友拉投資，作為GP為LP管理資金。經藍籌印花業務的啟發，他看到了用浮存金來投資的好處，後來大舉進入保險行業，形成了以保險浮存金投資的新業務模式。

所以，當其他投資公司需要從銀行借款，或者從有高回報要求的普通合夥人那裡募集資金時，伯克希爾卻有了源源不斷的、幾乎是零成本的資金可用於投資。

第二個變化是：巴菲特早期投資風格受其研究生導師格雷厄姆的影響，主要是尋找價值被低估的「煙屁股」企業，通過在價高時賣出而獲利。但是從收購喜詩糖果開始，他轉為尋找優質企業，並尋求長期持有，巴不得永遠不需要賣出。

由於不再需要抄（跑）短線操作，巴菲特和芒格可以把大部分時間全部用來閱讀、思考，研究行業和公司。他們每年需要做出的關鍵投資決策，也就是一兩個而已。對於股市的短期波動，可以做到完全不用理會。

如果看伯克希爾投資的短期收益，常常是波動甚至虧損的。但是把時間拉長到10年20年的話，回報率卻相當驚人。幾個關鍵大項目，甚至達到幾十倍、上百倍的巨額回報。

第三個變化是：巴菲特早期在收購公司後，會深度介入公司的運營和管理，以至於收購伯克希爾後，由於陷入管理太深而深陷泥潭，還後悔地稱「這是我這輩子最糟糕的一次投資」。而芒格加盟後，此後他們的投資，都會謹慎地挑選管理人團隊，收購之後，管理層原封不動，伯克希爾完全不插手子公司的管理和運營，只是分享利潤。

所以越到後來，伯克希爾越成為市場上所有公司最喜歡的投資者，沒有哪家公司的管理團隊不希望投資人只出錢，而不干涉具體業務的。當然，在任何時候管理團隊需要時，巴菲特和芒格也會毫不猶豫地出手幫忙，貢獻自己的資源、人脈，以及更重要的——智慧。

到了二十世紀80、90年代以後，伯克希爾「錢很多，人很好」的名聲，傳遍了美國的整個商界。那些陷入資金困局的公司，在走投無路之時，往往就會向伯克希爾求助，尤其是需要巨額資金的大公司更是如此。而巴菲特和芒格，也就可以用最優惠的條件，入股這些公司。

隨著越來越多接受了伯克希爾「城下之盟」的企業起死回生，而那些拒絕了合作條件的公司最後因資金鏈斷裂而破產清算，伯克希爾幾乎成為了「最後的救世主」一樣的上帝角色。

正是查理・芒格帶來的上述這些巨變，幫助巴菲特把伯克希爾發展為人類歷史上最成功的投資公司。

也正因為如此，巴菲特才會說：「我對芒格的感激無以言表，他讓我從大猩猩進化到了人類。」

不過，芒格自己倒是比較謙虛。他說，巴菲特本身就無比聰明，就算沒有我，他自己也早晚會發現這些秘訣，我只不過是讓這個過程提前了幾年而已。

通過藍籌印花的合作，巴菲特和芒格形成了緊密的夥伴關係。芒格關閉了自己的合夥人企業後，把所有資產都注入了伯克希爾，佔了2%的股份。

一九七八年，芒格正式擔任了伯克希爾董事會副主席，至今已經42年。他和巴菲特珠聯璧合，在投資《華盛頓郵報》、可口可樂、吉列公司等項目中，發揮了重要的作用。

不過，他的更大作用，是對巴菲特說「不」。

芒格的風險意識極強，而且特別有耐心，如果沒有十分看好的項目，他寧願不投。所以大部分的項目，都被他否決了，以至於巴菲特開玩笑地稱他是一個「討厭的『不』先生」。只有極少數項目，才能進入他的法眼。

這樣謹慎的投資風格，雖然讓伯克希爾錯過了微軟、蘋果、亞馬遜這樣的好項目，但也無數次避免了掉入大坑。從一九七〇年代以來，美國經歷過很多次股災和金融危機，但伯克希爾一直都是穩定增長。

芒格的資產併入伯克希爾時，這家公司的股價才38美元，後來就一路漲，到二〇一九年，每股價值漲到了34萬美元。二〇二〇年，儘管在新冠疫情的肆虐之下，伯克希爾經歷了多次大跌，目前，其股價仍然高達27萬美元一股。

按當前市值，伯克希爾2％股份現在值87億美元。不過這些年來，芒格已經陸續用去和捐出了不少，現在占股沒這麼多了。

與巴菲特相比，芒格喜歡低調，不願意在聚光燈之下。他自稱，他的財富目標是永遠保持在富比士富豪榜名單之下的位置。所以，他的排名以五百多名的情況居多，有一年，他的名字衝到了前二百多名，據說他還為此不高興。到了二〇二〇年7月，按照富比士排名，芒格的財富是16億美元，位居全球第一三三五名。

早期因為信任芒格而跟他合夥，或者把資產交給他管理的人，也多多少少在伯克希爾佔有一些股份。其中占股較多的布思、古瑞恩等，躺在那裡啥都不用幹，就成了億萬富翁。例如，布思家族，憑著在伯克希爾的股票，坐擁27億美元的財富，位列全球第一百名。

你說，誰不想要一個芒格這樣聰明的朋友呢？

4・他是投資界的哲學家

評價一個人時，應重點考察四項特徵：善良、正直、聰明、能幹。如果不具備前兩項，那後面兩項會害了你。雷根也曾說：如果你正直，這比什麼都重要；如果你不善良，什麼也都不重要了。直面自心，做一個善良正直胸懷坦蕩的人！

——巴菲特

自從成為伯克希爾副主席之後，由於每年都要和巴菲特坐在主席臺上作彙報並且接受股東詢問，加上巴菲特在各種場合對芒格推崇備至！於是，芒格的智慧逐漸為世人所知。

凡是聽過他演講或者與他交談過的人，無不為之折服。

人們共同的感受是，這不是一名投資家，而是一個智者，一位哲人。

一、反向思考

芒格最愛說的話是一句農夫諺語：

「如果我知道會死在哪兒，我就永遠不去那個地方。」

他用這句話來說明：「成功就是不幹蠢事。」

例如——什麼是好的投資策略？就是避開那些不好的公司。什麼是好的招聘策略？就是刷掉不好的應聘者。什麼是好的交友策略？就是遠離那些不好的人。什麼好的生活策略？就是不要沾染對你有害的東西。

所以，芒格認為，如果想要炒股賺錢，就要先學習炒股如何虧錢；如果想要得到幸福人生，就要去研究人生如何變得痛苦。實際上，他最有名的演講之一，就是一九八六年在哈佛的演講：人生有痛苦的藥方嗎？

他特別喜歡研究歷史上各種失敗案例，並且做成檢查清單。每次做決策之前，就對照一下，看自己有沒有犯蠢。

幾十年來，在芒格的參謀之下，巴菲特拒絕了無數個可能有問題的機會，避過

了無數的大坑，讓伯克希爾成為最穩健的投資公司。

而芒格自己，也成了世界上最富有、最幸福、最長壽、最成功的人之一。

二、善良正直

芒格為人處世的原則是：盡己所能、永不說謊、言出必行。

巴菲特評價說：「幾十年來，我從未見過芒格企圖占別人的便宜，也沒有見過他把任何不屬於自己的功績記在名下……他總是有意識的讓別人受益更多，讓自己承擔更多……他做的總是比他的分內事要多，而且從來不抱怨其他人做了什麼。」

這一評價，在芒格幾十年來與人們交往之中，無數次得到證明。所以才會有那麼多人願意無條件地相信他，把錢交給他，並且和他成為終生的摯友。

世界上有很多人認為，一件事只要不犯法，就可以去做。但芒格堅決認為，在「應該做的事情」和「做了也不會受到法律制裁的事情」之間，還存在著巨大的鴻溝，一個正直的人，應該遠離那條線。

很多公司會去做一些對社會或消費者無益，但是很賺錢的業務，芒格自己從來不這樣幹，而且堅決不投資這樣的公司。

他只交正直的朋友，而且只和自己願意與之交朋友的人做生意。所以，芒格交的朋友都很好，投資的公司也都很成功。

三、堅守理性

有個重複的軼事：在一個聚會上，有一位漂亮的女記者問芒格：您如此成功的秘訣是什麼？請只用一句話來回答。

芒格的回答只有一個詞——理性。

他認為，理性，就是要尊重常識、尊重事實，不要被狂熱、嫉妒、憤怒、仇恨等原因或者意識形態來影響自己的判斷。

為了能理性看待世界和分析問題，芒格會運用很多思考模型，例如進化論、機會成本、常態分佈、二八定律、奧卡姆剃刀定律等。他還總結了25種人類容易出現誤判的心理學現象，並作為負面清單，每次決策前，都檢查一遍。

芒格的理性還體現在：他永遠不做能力圈以外的事情。只選擇自己能力範圍內的事，只投資自己能看懂的東西。

他把項目分別歸類為三個箱子——可以、不行、太難。

而他永遠只投「可以」那個箱子裡的項目。「不行」的就不必說了，至於「太難」的項目，除非徹底搞懂，否則也不投。

有人曾經問他，如何確定自己的能力圈邊界？

芒格回答：如果你有能力，你就會清晰地知道邊界在哪。如果你找不到邊界，那就說明還不具備這種能力。當你問出問題時，你的心中已經有了答案。

四、熱愛閱讀

芒格喜歡讀書是出了名的，他每天大部分的時間都被用在書上面。不管去任何地方，他的隨身行李包裡一定會有書；不管是買票，坐飛機，還是等人，只要等待時間超過5分鐘，他必定會拿出書來看。

芒格說：「我這輩子遇到的聰明人沒有不每天閱讀的，一個都沒有。巴菲特讀書之多，我讀書之多，可能會讓你感到吃驚。我的孩子們都笑話我，他們覺得我們是一本長了兩條腿的書。」

他的涉獵之廣泛，令人驚歎。對於生物、物理、工程、心理學、經濟學等，無所不知。他可能是這個時代唯一一個百科全書式的投資人，在這點上，連巴菲特都比不過他。

五、極度專注

芒格是個做什麼事情都極度專注的人。一旦沉浸在思考、閱讀或工作中，他就能自動忽略身邊所有事物。

他們家孩子多，總是顯得非常吵鬧。但芒格能夠在那種情況下專心致志地閱讀，孩子們踩他的頭、拉他的胳膊、在他身邊大喊大叫，都對他沒有任何影響。

當然，他也並不是那種不管孩子的人，當他放下書陪孩子玩的時候，玩得也是一樣的專注，所以孩子們都很喜歡他。

一個聰明人，如果能夠極度專注地做一件事，還有什麼事做不成呢？

六、超級耐心

「人能百忍自無憂！」芒格的耐心是無與倫比的。因為，如果沒有好的機會，他情願等待，而不願意貿然出擊。

他曾經舉過一個例子：

「我讀《巴倫周刊》，讀了50年。整整50年，我只找到了一個投資機會。通過這個機會，我在幾乎沒有任何風險的情況下，賺八千萬美元。」

（編按・《巴倫周刊》是道瓊公司出版的金融刊物，由克拉倫斯・巴倫於一九二一年創辦。）

其實，芒格的人生，並不是少年得志。在35歲見到巴菲特之前，也只不過是一個在地方上有點小名氣的律師而已，即使巴菲特多次鼓動他搞投資，他依然是等了6年，等到自己憑藉房地產行業積累了足夠的資金，才正式脫離律師行業。

芒格認為，人生重要的機會不用多，有一兩次就夠了，所以不用著急。今天的年輕人，如果你感到很焦慮，不妨想一想芒格的思維。

厲害如他，不也是40歲以後才成為百萬富翁嗎？

芒格說：「明智的人能耐心等待，讓時間流逝，體會其中的妙處。大多數人總是瞎忙活。」

芒格認為，上面說的這些，其實都很容易做到，而世人不願意做，是因為總想去做那些難的事情。

他說：我們之所以能成功，不是因為我們善於解決難題，而是因為我們善於遠離難題。我們只是找簡單的事做。我們賺錢，靠的是記住淺顯的，而不是掌握深奧的。我們從來不去試圖成為非常聰明的人，而是持續地試圖別把自己變成蠢貨，久而久之，我們這種人也能獲得非常大的優勢。

> 不要同一頭豬摔跤，因為這樣你會把全身弄髒，而對方卻樂此不疲。
>
> ——查理・芒格

除了事業成功以外，芒格的生活也很有情趣。

雖然早年曾經離異，並且經歷過喪子之痛。但是他的第二次婚姻非常幸福，並且兒孫滿堂。之前——他在二次大戰應召入伍時，在部隊帳篷裡許下的願望，全部都實現了。

日常生活中，他喜歡釣魚、打牌、打高爾夫，還會自己設計房子、遊艇，每到夏天，他們都會到明尼蘇達州的一個湖心島上度假，所有兒孫都會來，這是一個大

家庭的聚會，也是每個人的快樂假期。

除了在伯克希爾的投資以外，芒格自己也有一個小型基金會，做一些私人的投資。其主要投資包括每日新聞（Daily Journal）和好市多超市（Costco）等。對於這些投資，芒格傾向於一次投資，然後就永遠不用管。他追求的是永遠不必退出。這些投資也給他帶來了巨額的回報。

與巴菲特承諾捐出所有財富不同，芒格明確表示，他不會遵從巴菲特和比爾・蓋茲的「全部捐出去」的捐款倡議。

他認為，他自己的錢，想怎麼捐就怎麼捐。他甚至會為了喜歡一本書，就向那本書的作者贈送伯克希爾的股票。

出於對妻子的愛，他把妻子曾經就讀過的學校以及工作過的地方都捐贈個遍，一捐就是幾百萬、上千萬美元。由於妻子希望能給孩子們留下一點財富——於是，芒格在二〇一〇年妻子去世後，就明確向外界宣佈，他會遵從妻子遺願，把很多財富留給孩子們。

這樣的公開宣稱，在美國富豪裡面，是極其罕見的。但芒格並不在意外界的看法。他對自己的道德水準有充分的自信，不需要別人來評價。

到二〇二一年，芒格已經97歲高齡。在每年的伯克希爾年會上，他依然和巴菲特坐在一起，連續6個小時回答投資人的問題。他的思維依然非常敏捷，精神依然非常矍鑠，完全看不出是一個接近百歲的老人。

總而言之，他聰明、善良、正直，從來不偷奸耍滑，憑著自己的智慧、努力和耐心，乾乾淨淨地賺了如此多的錢，並且有世界上最完美的友情，最美滿的婚姻，最幸福的家庭，最充實的人生，而且還如此健康長壽……

你說，世上還有什麼比這更值得羨慕的人生呢？

第二章

好的經營就是：把爛的牌打好

在二〇一九年的Daily Journal年會上，他是這麼介紹自己的——一家公司，95歲的董事會主席，89歲的副主席，80歲的首席執行官拄著拐承擔所有工作重任，卻仍然志在佔領全球市場。

此外，他還是伯克希爾—哈撒韋的副主席。他說，伯克希爾能取得巨大的成功，Daily Journal能小有成就，沒什麼祕訣，就是追求基本的道德和健全的常識。

在伯克希爾—哈撒韋，在Daily Journal，他們一直比平均水平做得好。他們是怎麼做到的呢？答案很簡單。他們追求做得更少。芒格說，「重大的機會、屬於我的機會，只有少數幾個，關鍵要讓自己做好準備，當少數幾個機會到來的時候，把它們抓住了。」

最初，伯克希爾—哈撒韋的生意是窮途末路的百貨商店、窮途末路的新英格蘭紡織公司、窮途末路的印花公司。伯克希爾是從這些爛生意裡爬出來的，最後伯克希爾能取得成功，是因為他們換了一條路，改成了只買好生意。

芒格說，「我們能成功，不是因為我們善於解決難題，而是因為我們善於遠離難題。我們只是找簡單的事做。」

I・芒格在Daily Journal年會上的演講

芒格：歡迎參加Daily Journal公司年會。我是董事會主席查理・芒格。和我一同出席本次會議的有：董事會副主席瑞克・蓋林（Rick Guerin）、總經理傑瑞・薩爾茲曼（Jerry Salzman）、彼得・考夫曼（Peter Kaufman）……

下面，我們進入Daily Journal公司股東會的正式議程。我們先把這個流程走完，然後我簡單講些東西，之後我回答提問。在此過程中，誰需要幫助的話，請舉手示意我們的現場工作人員。Ellen，請報告參加本次會議的股東人數，以及其持有的股份數。

……

芒格：（大約5分鐘之後——）正式流程走完了嗎？傑瑞。有沒有什麼我忘記說了的？

傑瑞：都說了。

芒格：這麼長的流程，真累人啊！（笑）在座的各位，不少是遠道而來的，我先泛泛地講一些也許對你們有用的東西，然後回答你們的提問——

小小的Daily Journal公司，股東會竟然有這麼多人參加。Daily Journal確實只是一家小公司。Daily Journal有兩條業務線：一個是日漸衰落的法律報刊業務，現在每年稅前能賺一百萬美元左右，但一年不如一年；另一個是電腦軟件業務，主要是幫助法院、司法部門以及其他政府機構實現自動化。

無論是從前景、客戶，還是員工等方面來看，電腦軟件業務都比法律報刊業務強。與各州的眾多法院打交道，與政府的顧問打交道，參與各種採購招標，應付官僚主義，你根本想不到，這生意多難做。我們做的這種軟件生意，那些IT巨頭們都避之唯恐不及。

那些IT巨頭們最喜歡研發完成後，只要不斷刻錄光盤，現金就源源不斷地湧入，用不著再做其他工作。我們這生意完全不一樣。我們要和全國各地眾多的司法部門、州法院、聯邦法院打交道，它們各有各的要求、各有各的顧問，而且我們還面對著強大的競爭對手。

我們的生意不是只要復刻軟件就可以了。從本質上講，我們做的生意屬於技術諮詢，是服務密集型的，很難做。在我們的生意中，我們做IT已經要投入大量時間和精力。難上加難的是，我們還要應對政治現實，應對方方面面的官僚主義。

這個生意就是這樣，根本快不起來，而且還很磨人。但我們倒是一直很喜歡這生意，因為能做這個生意的公司必須有錢、有決心、能堅持下去。Daily Journal確實一直在堅持。

我們做得怎麼樣呢？很難說。我親眼看到了這項業務的成長。就我個人而言，我覺得可以把它比作一家正在研發七種重磅藥品的醫藥公司。我們已經開拓了幾個潛力巨大的市場，包括澳大利亞、加拿大、加州。這幾個市場的規模都非常大。

我們的主要競爭對手是在紐約證券交易所上市的泰勒科技公司（Tyler Technologies）。它做這生意比我們早，規模也比我們大得多，但是我們取得了一些大訂單，也爭取到了一些對我們非常滿意的客戶。小小的Daily Journal公司，怎麼被澳大利亞政府看上了呢？澳大利亞可是個龐大的市場。

我開始對澳大利亞人有好感了，我看Daily Journal將來能在澳大利亞取得巨大成功。總之，我們花了很長時間，付出了很多努力。這個生意太難、太複雜，不是

誰都做得了的。我們能有今天的成績，主要來自傑瑞・薩爾茲曼在過去10年所做的工作。

傑瑞做的工作，別人誰都做不來。今年傑瑞已經80歲了，我們倆有個共同點：我們都拄枴杖。我不坐輪椅的時候，拄枴杖走路。一家公司，95歲的董事會主席，89歲的副主席，80歲的首席執行官拄著拐承擔所有工作重任，卻仍然志在佔領全球市場，多奇葩啊，你們還大老遠的來參加股東會，你們腦子裡都想什麼呢？（笑）

一、追求基本的道德和健全的常識

之所以出現這麼奇特的一幕，是因為從我們身上可以隱約看到，我們始終對基本的道德和健全的常識孜孜以求。伯克希爾──哈撒韋能取得巨大的成功，Daily Journal能小有成就，沒什麼祕訣，就是追求基本的道德和健全的常識。

大家都知道，「所謂常識──是平常人沒有的常識。」我們在說某個人有常識的時候，我們其實是說，他具備平常人沒有的常識。人們都以為具備常識很簡單，其實很難。

我舉個例子。大量高智商的人進入了投資領域，他們都想方設法要比普通人做得更好。許多高智商的人蜂擁而至，在投資領域形成了別處罕見的景象，於是，怪事開始發生了。加州曾經有一家非常大的投資諮詢公司，為了超過其他同行，它想到了一個點子。

他們是這麼想的：我們手下有這麼多青年才俊，個個是華頓、哈佛等名校畢業的高材生，他們都為了搞懂公司、為了搞懂市場趨勢、為了搞懂一切，不遺餘力地拼命工作，只要讓這些青年才俊每人都拿出他認為最好的一個投資機會，我們把所有最好的機會集中起來形成組合，必然能遙遙領先指數啊。

這家投資公司的人能覺得這樣的點子行得通，是因為他們接受的教育太棒了。上哈佛、上華頓，學出來就一定有這水準。他們滿懷信心地付諸行動，結果毫無懸念地一敗塗地。他們又試了一次，一敗塗地。他們試了第三次，仍然失敗。

幾百年前，煉金術士幻想把鉛變成金子。煉金術士想得很美，他們覺得買來大量的鉛，施一下魔法，把鉛變成金子，就發大財了。剛才說的這家投資公司，沒比幾百年前的煉金術士高明到哪去，它不過是妄想把鉛變成金子的現代翻版，根本成不了。本來我可以把這個道理講給他們的，但是他們也沒問過我啊！

值得人深思的是，這家投資公司集中了全球各地的精英，甚至包括許多來自中國的高智商精英，中國人的平均智商比其他國家的人略高一些。其實，這個問題很簡單。這點子看起來行得通，為什麼在實際中卻行不通？你不妨自己想一想，為什麼會這樣。

你們都接受過高等學府的教育，我敢說，在座的人之中，沒幾個真能把這事兒解釋清楚。我想借此給大家上一課。你們怎麼能不知道呢？投資領域可是美國的一個重要行業。在這麼重要的一個行業，出現了如此慘重的失敗，我們應該能給出一個解釋啊！

能回答出這個問題的人，肯定是在大學一年級的課堂上，全神貫注地聽講了的。令人遺憾的是，即使你把這個問題拿到一所高等學府的金融系，讓那些教授回答，他們也答不對。我把這個問題留給你們思考，因為我想讓你們感到困惑。（笑）

二、追求比平均水平做得好

我接著說下一話題了。其實，這個問題，你們應該能答上來。從這個問題，我們可以看出來，即使是一些非常簡單的事，要保持理智也特別不容易。人們有太多太多錯誤的想法，都是不可能行得通的。但是，對於人們錯誤的想法為什麼行不通，你們卻講不出來。

如果你們接受了良好的教育，應該能一眼看透才對。我理解的「接受了良好的教育」，是知道什麼時候教授是錯的，而且知道什麼是對的。教授說什麼，就是什麼，這誰都做得到。關鍵在於，你要分辨教授講的東西，哪些對，哪些錯，這才是接受了良好教育的人。

回到投資領域，至少在未來相當長的一段時間內，如果你主動選股，並且妄想無所不知，你仍然跑不贏指數。

在伯克希爾—哈撒韋，在Daily Journal，我們一直比平均水平做得好。問題來了，我們怎麼做到的呢？答案很簡單。我們追求做得更少。我們從來沒天真地以為

把一批青年才俊招進來，就能無所不知，無論是湯罐頭、航空航天，還是公用事業什麼的，都能比別人懂得更多。

我們從來沒這麼妄想過。我們從來沒以為自己能做到，不管在什麼領域，我們都能獲取到真正有用的信息。我們不像吉姆・克萊姆（Jim Cramer）（編按・好萊塢演員，主要作品有《華爾街》《傲骨賢妻》），把自己裝成無所不知。（笑）

我們始終很清楚，只要我們特別用功，我們能準確找到少數幾個機會。這少數幾個機會足夠了。只求找到少數幾個機會，我們的預期更合乎情理。我們的思維方式與投資諮詢機構截然不同。

假如你像我前面提到的那家投資諮詢機構一樣，你去問沃倫・巴菲特同樣的問題：「告訴我你今年最看好的投資機會。」然後，你買入沃倫找到的那個最好的投資機會，你肯定能賺翻了。沃倫不可能妄想無所不知，他告訴你的只會是一兩支股票。投資諮詢機構雄心勃勃，沃倫更知道克制自己。

我的太姥爺，也就是我媽媽的爺爺，對我幫助很大。我太姥爺是一位拓荒者。他來到愛荷華州的時候身無分文，但是年輕，身體好。他參加了與印第安人打的那場黑鷹戰爭，在戰爭中當了上尉。後來，他在愛荷華州定居下來，每次，在出現土地非常廉價的機會時，他就非常有頭腦地出手，大筆買入。

最後，他成了小鎮上最有錢的人，還擁有銀行。他受人尊敬，有個大家庭，過著非常幸福的生活。他剛在愛荷華州定居的時候，一英畝土地還不到一美元，他一直住在愛荷華州，親眼看到了富足的現代文明在這片肥沃的土地上興起。我太姥爺說，他趕上了好時候，一輩子活到90歲，老天能給他幾個大機會。

他這一生幸福長壽，主要是老天給他的那幾個機會來臨時，他抓住了。每年夏天，當孫子輩的孩子們圍繞在他膝下時，我太姥爺總是一遍一遍地講這個故事。我媽媽對錢不感興趣，但是她記住了我太姥爺講的故事，並且講給了我聽。我媽媽對錢不感興趣，我和她不一樣，我知道我太姥爺做得對。

三、一生只要抓住幾個少數機會就夠了

所以說，我還很小的時候，我就知道了，重大的機會、屬於我的機會，只有少數幾個，關鍵要讓自己做好準備，當少數幾個機會到來的時候，把它們抓住了。大

型投資諮詢機構裡的那些人，他們可不是這麼想的。他們自以為，他們研究一百萬個東西，就能搞懂一百萬個東西。

結果自然在意料之中。幾乎所有機構都跑不贏指數。你看我，我只有Daily Journal的股票、伯克希爾─哈撒韋的股票、還有Costco的股票，我的收益率比別人都高，應該的啊。（笑）

再說，我都95歲了，我幾乎從不交易。我跑贏了指數，他們沒跑贏。你是想像我一樣，還是像他們一樣？

分散投資的做法在一定程度上有道理。一個不懂投資的人，不想虧大錢，只求獲得一般的收益，他當然可以廣泛地分散投資。這道理明擺著，像二加二等於四那麼簡單。知道這個道理就想賺大錢，憑什麼？

玩好投資這個遊戲，關鍵在於少數幾次機會，你確實能看出來，一個機會比其他一般的機會都好，而且你很清楚，自己比別人知道的更多。像我說的這麼做，只要抓住少數幾個機會，足夠了。

沃倫經常說：「一個人，居住在一座欣欣向榮的小城裡，他有這座小城裡三家最好的公司的股份，這麼分散還不夠嗎？」只要這三家公司都是頂尖的，絕對夠分散了。廣為流傳的凱利公式可以告訴我們，在自己佔有勝算的時候，在每筆交易上應該押下多少籌碼？你的勝算越大、成功的概率越高，你下的注應該越大。

（編按：凱利公式簡單而言，是指投資人在對自己有利時下大注，對自己不利時，下小注或是跟本不下！這公式是愛德華・索普發揚光大的，他也是巴菲特的橋牌搭擋。）

這後面有數學規律支持，是正確的。有時候，一個機會特別好，簡直如探囊取物一般，只買這一個機會也完全合理。好機會沒幾個。一個投資者，追求超一流的業績，卻大量分散投資，簡直是緣木求魚，行不通，是不可能的任務。一次又一次重複不可能的任務，有意思嗎？我覺得會很痛苦。誰願意承受這樣的折磨？這是一條走不通的路。

四、只要在有魚的地方釣魚

我父親是奧馬哈的一位律師。他曾經接待過一位客戶，這位客戶的丈夫經營一

間肥皂廠。她的丈夫去世了，便要我父親幫她把肥皂廠賣了出去。在美國深陷大蕭條的年代，這位女士是奧馬哈最富有的人之一，她有一間小肥皂廠，還在奧馬哈最高檔的社區有一套豪宅。

肥皂廠賣出去以後，她有高檔社區的一套豪宅，還有30萬美元。在一九三〇年，30萬美元是非常大的一筆錢。那時候，一個小漢堡5分錢，一個大漢堡1毛錢，只需要2毛5分錢，就能吃飽一天的飯。她可是有30萬美元啊……她沒請投資顧問，沒找任何人幫忙，她是個很了不起的老太太。

她簡簡單單地把這筆錢分成了五份，買了五支股票。她的遺囑是我認證的，所以我記得其中的三支股票是通用電氣、陶氏化學（編按・當時美國第二大的化工公司，二〇一五年與杜邦合併）、杜邦公司，其他兩個我忘了。買完之後，她再也沒動過這些股票。她沒付給投資顧問一分錢。她買了股票之後，就放那兒了。

她還買了一些市政債券。一九五〇年代，她去世時，留下了150萬美元。這中間，她沒交一分錢的費用。當時我問她：「您做這個決定的時候是怎麼想的？」她說：「我當時覺得電力和化學以後能有大發展。」她只是買了，然後乾等著。我一直非常欣賞這位老太太，她是我喜歡的類型，這樣的人太少了！

釣魚的第一條規則是，在有魚的地方釣魚。釣魚的第二條規則是，記住第一條規則。——我們很多人去了鱈魚已經被釣光了的地方，還想釣上鱈魚來。在競爭極其激烈的環境中，你再怎麼努力都沒用。在投資領域，即使很小的機會，也有人在跟蹤。

有一次，我參加密西根大學的投資委員會會議，會議上其中一位取得成功的投資者來自倫敦。這位投資者在倫敦是怎麼投資的呢？他看中了撒哈拉以南非洲地區。撒哈拉以南非洲地區上市的公司很少，只能找到幾個在粉單市場（編按・粉單市場只提供報價服務系統，不提供自動交易的買賣。即對未上市股票的報價服務）上市的銀行股，於是他買入了這些銀行股，能買的量很少。

非洲的窮人逐漸改變把錢放在家裡的習慣，越來越多的人開始把錢存入銀行，這位投資者也越來越賺錢。最後，他賺了很多錢。沒有別人投資非洲的小銀行，只有他自己。可惜，這個小小的利基很快被填上了。

作為基金經理，投資撒哈拉以南非洲地區的小銀行，為客戶賺了錢，下一個投資機會上哪兒找去？利基填平是很快的。一個在倫敦的基金經理都能去買非洲小銀行的股票，你說賺錢的利基還能剩下多少？太難了。

五、增加智慧，遠離種種欺詐

在我們生活的現代世界中，有人專門拉別人下水，教別人頻繁交易股票。在我看來，這和教唆年輕人吸食海洛因沒什麼兩樣。蠢到家了。一個已經賺到錢的人，怎麼可能以教唆別人炒股發財為生？在電視上我們經常看見，電視也是個神奇的地方，有人說「我手裡這本書可以教會你每年賺三倍財富，你只要付回郵或工本費就能得到這本書了。」（笑）

一個人，突然發現了每年賺三倍鈔票的祕訣，怎麼可能還在網上賣書？（笑）這太可笑了。我說的這一幕是現代商業的寫照。人們每天都在做這樣的事，還自以為自己是對社會有益的公民。

廣告公司給一家保險公司出了一套文案，是這麼說的：「兩個人從GEICO保險公司轉到了GLOTZ保險公司，每個人都省下了四百美元。」他們隱瞞的事實是：全美國只有兩個這樣的人，而且這兩個人都是豬頭。這則廣告是在故意誤導消費者。我覺得很反感，現在有意誤導他人的種種行為，太明目張膽了。

我再講個小故事，也是關於現代生活的，希望你能從中得到啟發。這個故事發生在從前。有個人，他有一匹好馬。這是一匹駿馬，步履輕盈、毛髮光亮。這匹馬什麼都好，就一個毛病。有時候，它突然脾氣暴躁、性情頑劣，誰要是當時騎著它，非得被摔得斷胳膊斷腿不可。

這個人找到了獸醫，他問獸醫：「該怎麼治治這匹馬呢？」獸醫說：「很簡單，我有辦法。」這個人說：「快告訴我吧。」獸醫說：「你在你這匹馬表現很好的時候，把它賣掉。」（笑）

總而言之，沃倫和我，我們兩個人從來沒為了賺錢，唬弄哪個傻子從我們手裡接貨。我們賺錢，靠的是在買的時候賺。如果我們賣的是狗屎，我們不會把狗屎說成包治關節炎。（笑）

我覺得，別去騙人，還是像我們這麼活著比較好。在現實中，騙子總是有。就說那些江湖騙子吧，他們蒙人的伎倆多著呢。總有騙子利用人性的弱點牟利。我們必須增加自己的智慧，才能遠離種種欺詐。至於自己家裡出了騙子，那躲不掉。碰上這種情況，我也無解。（笑）

六、走正道的人，路越走越寬

在自己可以做出選擇的情況下，有許多人，我們應當遠離。

我父親有一位很要好的朋友格蘭特・麥克法登，是他的客戶。我父親還有另外一位客戶，是個不懂裝懂的人。我父親總是給那個不懂裝懂的人做許多工作，卻很少接他那位好朋友的活。他那位好朋友是我敬佩的人。

我問父親為什麼，他告訴我：「查理，你個小傻瓜，那個不懂裝懂的傢伙，總是會有沒完沒了的官司，他總是到處製造麻煩、總是手伸得太長、總是不檢點。而格蘭特・麥克法登不一樣，他善待員工、善待客戶、善待所有人，從來不佔別人的便宜。假如他遇到了腦子有毛病的人，他也能大大方方地立即走開。像他這樣的人，是用不著請律師的。」

我父親對我講這番話，是想教我一些東西。我想我父親的目的達到了。我一輩子都學著做格蘭特・麥克法登那樣的人。我想告訴你們，這對我幫助很大，真的幫助很大。

彼得・考夫曼和我說過很多次：「如果騙子知道做老實人能賺多少錢，他們肯定都不當騙子了。」沃倫也講過一句很經典的話，他說：「走正道，路越走越寬。」此言不虛。

以Daily Journal公司為例，在（房地產）止贖潮中，我們賺了幾百萬美元。那是現代文明中最嚴重的一次房地產大蕭條，我們經營發佈法律公告的業務，而且我們壟斷經營發佈止贖權公告的業務。當時，我們可以漲價，再多賺幾百萬美元，但我們沒那麼做。

想想看，最嚴重的房地產大蕭條爆發了，自己的同胞眼看著房子沒了，查理・芒格，億萬富翁，漲價。這樣的消息登在報紙上，多丟人！能漲價嗎？絕對不能。沃倫常說：「為了錢結婚，也許什麼時候都不明智。已經有錢了，還為錢結婚，絕對是腦子進水了。」

一個人已經有錢了，還把自己的名聲搞得很臭，太傻了。

瑞克・蓋林經常講這樣一個故事：有個人，缺德一輩子。他死了。牧師說：「葬禮的下一個環節是，有請現場哪位親友來追憶逝者做過的好事。」結果沒一個人出來講話。最後，總算有個人站起來了，他說：「他還不算最缺德的，他哥比他

還缺德。」（笑）

各位可能當笑話聽了，可現實裡有真人真事啊。哈里・考恩（編按・哥倫比亞影業公司創始人之一，他是美國影業界最有權勢的人。但私生活很可惡，多次潛規則染指女演員，聲名狼藉。）死了以後，很多人來參加他的葬禮只是為了確定一下他確實死了。

有些道理很簡單，卻真的很受用。Daily Journal做的是難做的生意，為法院等政府部門服務的工作不好做。法院等政府部門需要自動化。別人想佔法院等政府部門的便宜，我們沒有。我們只是一家小公司，我們做得很辛苦，我們也逐漸佔領了很多市場。

速度雖然慢，但前景光明。有錢的好處在於，慢一點兒，我們不在乎。那我們是怎麼有錢的呢？我們記住了我太姥爺的話，機會只有少數幾個，當一個機會來臨時，我們撲過去把它抓住。想一想，你們的人生是不是這樣？

七、危險，危險，切勿靠近

再講一個我的親身經歷。一九七〇年代，我犯了個錯誤，一筆該做的投資，我沒做。沒犯這個錯的話，芒格家族的財富是現在的兩倍。我犯的那個錯太傻了。我錯過了那個機會，否則我的資產是現在的兩倍。生活就是這樣，錯過一兩個機會，難免的。

我們身邊總有這樣的人，他們找到了比自己更優秀的伴侶。他們做出了明智的決定，也是幸運的決定。找到比自己優秀的伴侶，這是多少錢都買不來的。許多人是年輕時無意間找到了比自己更優秀的伴侶。

其實，未必要碰運氣，可以有意識地去追求。很多人身上貼著醒目的標籤，上面寫著「危險，危險，切勿靠近」，還有人迎著往前衝。（笑）

不應該啊。你們笑歸笑，這絕對是後果很嚴重的錯誤。

我們這個董事會裡的人，大家一起做著特立獨行的事，共度人生的坎坷，夠奇葩的了，畢竟我們年紀都這麼大了。蓋瑞・威爾克斯（Gary Wilcox）算我們這裡的年輕人了。我們是個很獨特的董事會。這個案例也值得各位思考。你看我，歲數這麼大了，老成這樣了，還活得很開心。怎麼做到的呢？這是另一個話題了。

你們願意聽，我再講兩個小故事。下面這個故事是編出來的，但是很啟發人。一位年輕人去拜訪莫扎特。他說：「莫扎特，我想寫交響樂。」莫扎特說：「你多大了？」年輕人說：「我23。」莫扎特說：「你太年輕了，寫不了交響樂。」年輕人說：「可是，莫扎特，你10歲的時候就開始寫交響樂了啊！」莫扎特說：「沒錯，可我那時候，並沒四處問別人該怎麼寫啊！」

還有一個關於莫扎特的故事。莫扎特可以說是人類有史以來最偉大的音樂天才。他的生活過得怎麼樣呢？莫扎特一肚子憤懣，鬱鬱寡歡，英年早逝。

莫扎特怎麼活成了這樣呢？他做了兩件事，誰做了這兩件事都足以陷入痛苦。莫扎特不知道量入為出，在金錢上揮霍無度，這是第一件。第二件，他內心充滿了嫉妒和抱怨。誰要是揮霍無度，還充滿嫉妒和抱怨，一定能活得又苦又慘，早早離開人間。想活得苦，想死得早，請學一學莫扎特吧！

那個年輕人請教莫扎特如何寫交響樂，你們從這個年輕人的故事中也能學到一個道理。這個道理是：有的東西，有的人學不會。有的人天生就比你強，你再怎麼努力，也總有人比你更強。我的心態是：「那又怎樣？」我們現場的這些人，有哪一個是非得站上世界之巔不可的嗎？沒那個必要。

帝王將相修了那麼多規模龐大的陵墓，我總覺得很可笑。難道他們是為了讓後世的人羨慕自己？讓後世的人在走過他們的陵墓時希望能住進去？（笑）

八、人生要學會從錯誤中爬出來

總之，我們一路走來，很享受其中的過程，最後也做得很好。你可以自己去研究一下，在Daily Journal公司，在伯克希爾—哈撒韋公司的歷史上，一共做了多少個重大決定。重大的決定，平均算下來，每年沒幾個。

這個遊戲的玩法是：始終留在這個遊戲裡，盯住了，在稀有的機會出現時，別讓它溜走，要知道每個普通人能分到的機會並不多。

賺錢的祕訣是節約支出、生活簡樸。沃倫和我，我們年輕沒錢的時候，我們都是省著花錢，把錢攢下來投資。堅持一輩子，最後很富足。這道理誰都能懂。

生活中需要解決的另外一個問題是：怎麼才能不付出過高的代價，從錯誤中爬出來？從錯誤中爬出來，我們做到了。

伯克希爾—哈撒韋，它最開始的生意是什麼？窮途末路的百貨商店、窮途末路的新英格蘭紡織公司、窮途末路的印花公司。

伯克希爾—哈撒韋是從這些爛生意裡爬出來的。好在我們買得非常便宜，雖然一手爛牌，我們還是打得很好。最後伯克希爾能取得成功，是因為我們換了一條路，改成了買好生意。

我們能成功，不是因為我們善於解決難題，而是因為我們善於遠離難題。我們只是找簡單的事做。

Daily Journal公司，我們剛買的時候，它的生意很好做。現在Daily Journal做的軟件生意，很難做。公司的老同事都還健在，在種種機緣巧合下，新的軟件生意做得還可以。這生意有潛力，我們也願意做下去。報紙已經走向衰落，有幾家報紙能像Daily Journal一樣，帳上躺著數億美元的股票，還經營著有前途的新生意？我們是最後的莫西干人（編按・被保護的美洲印第安人原住民部族）。（笑）

2・年會後接受提問的部分

Q1：威廉・桑代克（William Thorndike）在《商界局外人》（Outsiders）一書中講述了八位CEO，他們都取得了超越標普500指數和同行的表現。除了巴菲特先生和墨菲先生，請問您或者伯克希爾是否有投資其他六家公司？如果沒投資，是為什麼？

芒格：這個問題我答不上來，我不知道其他六家公司是哪六家。這麼說吧，總而言之，投資越來越難做，我們很難找到可買的新生意，我們始終能坐住冷板凳，拿住自己已經擁有的生意。找到可買的新生意越來越難。上一次，我們收購了一家經營卡車服務區的公司。此後，我們一直沒進行過大規模收購。假如你也覺得在當下的環境中投資很難，那咱們就想法一致了。

Q2：一些國會議員提議立法對股票回購進行限制或徵稅，您怎麼看？

芒格：哦。我想起了瑞克講的一個笑話。有個愛爾蘭人，經常偷東西、酗酒。他死之前，牧師讓他譴責魔鬼。這個愛爾蘭人說：「我不譴責，以我現在的處境，我不應該給自己樹敵。」我看，我也是。我一開口談政治，就可能得罪人。所以，換下個話題吧！

Q3：我的問題是關於小型銀行的。除了那些大型銀行，包括全國性銀行和大型區域性銀行，美國還有250家左右資產規模在10億美元以上的小型銀行。我的問題是，您覺得這是個狩獵的好地方嗎？從價值投資的原則出發，能從中找到一兩個好公司嗎？

芒格：你自己已經給出答案了。答案是肯定的。

Q4：幾十年來，您和沃倫都認為，CEO應當為股東提供必要的信息，作為股東判斷公司價值的依據。我本人走訪和諮詢了全國多個法院，獲得了第一手資料，親自看到了Daily Journal取得的成功，在與所有對手的競爭中，我們公司獲得了許多訂單。

然而，公司並沒公開在手的未完成訂單情況，而這個數據對估值很重要。股東或許沒辦法調研全國50家法院，確定未完成訂單的情況，請問您能為股東提供一些這方面的詳細信息嗎？公司現在的在手未完成訂單情況如何？

芒格：我們的訂單處於各個階段的都有，包括已經拿到的和獲得了意向的。情況比較複雜，我本人也不是對每筆訂單都瞭解，我相信蓋瑞等負責具體工作的人。總而言之，訂單的趨勢是良好的。我可以再補充一點。如果你真的深入到每筆訂單裡觀察，你能體會到我們的生意多難做，太難了。

雖然難，我們做的還是相當好。我們的工作不是一蹴而就的。即使我要搞懂每筆訂單的情況，投入大量時間和精力，深入閱讀每筆訂單的相關資料，恐怕我也不可能瞭解得太深入。估計你也做不到吧！

Q5：您有說過一句金句，我特別喜歡。您說過，您在招聘的時候，一個人智商130，但認為自己的智商120，另一個人智商150，但認為自己的智商170，您會選擇前者，因為後者能把你搞死。

芒格：這說的不是埃隆・馬斯克（編按：Elon Musk特拉斯的CEO）嗎？

Q5（續）：您在招聘的時候，具體是怎麼評估應聘者的？

芒格：我當然選知道自己幾斤幾兩的人，不選那些自不量力的人。我自己會這樣選，但我也學到了生活中一個非常重要的道理。這個道理是和霍華德・阿曼森（Howard Ahmanson）學的。他講過這樣一句話：「千萬別低估高估自己的人。」一高估自己的自大狂偶爾竟然能成大事，這是現代生活中讓人很不爽的一部分。我已經學會適應了，不適應又能怎樣，見怪不怪了。自大狂偶爾能成為大贏家，但我不願一群自大狂在我眼前晃來晃去，我選擇謹慎的人。

Q6：您好，芒格先生。您說過，您希望下一次民主黨同時掌控行政、立法、司法三權時，美國能採取單一支付醫療制度，即全民醫保。

芒格：是的。

Q6（續）：這將給醫療保險機構、醫院以及醫藥公司帶來什麼樣的影響？

芒格：翻天覆地的影響。醫療將仍然是大生意，但將出現大洗牌。美國現有的醫保制度太貴、太複雜，浪費太多。對臨終的病人過度治療，有些病過度治療太嚴重，還不如不治。浪費太嚴重了。從另一方面來看，就尖端醫療水準而言，美國在全世界是最領先的。

所以，美國的醫保問題很複雜，很棘手。新加坡的醫保支出佔GDP的比例僅僅是美國的20%，卻建立了比美國更好的醫保體制。想想新加坡，再想想美國，真讓人汗顏。新加坡完全遵循了最基本的常識。新加坡的這套醫保制度，是完全由當政的一位華人一手建立起來的。他建立的體制當然更明智，比我們這種政治進程產生出來的醫保體制更優越。

新加坡的醫保體制是由李光耀建立的，當然比我們的好。新加坡也是非常發達的一個國家，但人家的投入佔GDP的比重只有我們的20%，還比我們的醫保體制更優越。我們的醫保體制前途如何？真是看不到希望。類似醫保體制這樣的難題，我們的政壇人士什麼時候解決好過？如果現狀讓你很憂心，我敢說，未來你會更憂心。（笑）

Q7：去年，我讀了斯多葛學派哲學家的一些東西，包括愛比克泰德（Epictetus）、塞涅卡（Seneca）、馬可・奧勒留（Marcus Aurelius）……

芒格：我明白你為什麼讀斯多葛學派的東西，生活中需要堅忍的地方太多了。

（笑）

Q7（續）：在我向斯多葛學派的哲學家學習的過程中，一個名字始終在我的腦海中迴盪：芒格、芒格、芒格、芒格……

芒格：學馬可・奧勒留（羅馬帝國五賢帝之一）足夠了。（笑）

Q7（續）：請您講講斯多葛學派對您的影響？您對斯多葛學派印象最深的是什麼？

芒格：很多。斯多葛學派的很多東西對我都有很大影響，包括奴隸出身的愛比克泰德。我欣賞斯多葛學派的先賢。我活了這麼一大把年紀，活得很好，有個祕訣，我告訴你們：別把人性想得太好了。人性本來就有許多缺陷和毛病。你要是看什麼都不滿，一肚子牢騷、一肚子怨氣，只會適得其反，不但坑了自己，又不能改變世界。

把自己毀了，世界該怎麼還怎麼樣，多不值？太不值了。我從來不幹這樣的傻事。我總結出了一條關於政客的規律，這是一條斯多葛學派式的規律。我總是讓自己這麼想：別看現在的政客很爛，將來的政客還不如他們呢。我年輕的時候，加州的立法機構裡充斥著不入流的保險經紀人和以權謀私的律師。開賭場的、販酒的商人，請這些議員吃飯、喝酒、嫖娼。時移世易，我們現在的立法機構不是過去的那個立法機構了，我卻很懷念那些老騙子、遊說者和娼妓。（笑）

笑歸笑，年輕人，等你們老了，你們就知道了，你們到時候會想，要是南希・佩洛西（Nancy Pelosi美國前任眾議院議長）和唐納・川普（Donald Trump美國第45屆總統）還活著該多好。（笑）

Q8：您能給我們推薦一本書嗎？最好是新書，最好是從根本上改變了您的觀念的一本書。

芒格：像我這樣95歲的老年人，沒幾個能改變我的觀念的。我有時候能讀到一些新的逸聞軼事，我很喜歡。我也很喜歡自己以前讀過的逸聞軼事，例如，我剛才講的獸醫和馬的那個故事。這些故事短小精悍，講的是很直白的道理。故事中蘊含的道理讓人印象深刻。

我講一個關於林肯的軼事。你看我們現代的這些政治人物，哪個能與亞伯拉罕・林肯（Abraham Lincoln）相提並論？無論是民主黨，還是共和黨，能找出來一個嗎？有一次，一個人找到林肯。這個人的合夥人去世了，一分錢沒留下，扔下

了妻子和三個孩子。

這個人借給了他去世的合夥人一筆錢，他找到了當時的林肯律師，他說：「我希望你把這筆錢給我追回來。」林肯對這個人說：「你是個做生意的，我覺得你不費什麼力就能賺到這樣一筆錢。為了這麼一筆小錢，你讓我去壓榨可憐的孤兒寡母，你找錯人了。」我們今天的哪位政壇人士有這樣的品格？這就是亞伯拉罕・林肯。多好的故事，難怪林肯名垂青史。

你們知道嗎，亞伯拉罕・林肯能功成名就，在他背後默默付出的是誰？是他的繼母！林肯的父母都是文盲。林肯的父親實在照顧不過來孩子們，娶了繼母。繼母莎拉・布希給了林肯關愛，她讓林肯讀書，在他人生的道路上一直給予他幫助。我打算捐贈一幅林肯繼母的畫像，我很敬佩這位繼母取得的成就，林肯能有出息，她的貢獻最大。

Q9：在去年的Daily Journal年會上，在講到如何挑選基金經理時，說了五張王牌，其中之一是很長的跑道。

芒格：是的。

Q9（續）：我很年輕，估計將來至少能繼續投資40年。

芒格：你的腿力如何？（笑）

Q9（續）：我的體育成績很好，謝謝您關心。我希望能以最高的複利滾動我的資金，最後把大部分捐出去。除了您和沃倫，請問您推薦哪些基金經理？

芒格：我剛才講了，我自己這一輩子只找了一位基金經理，我覺得，從這一點來說，你的問題，我回答不好。我倒是覺得找到一個足夠了。我幫不上你。誰都想找到一個能讓自己發財的基金經理。誰不想啊？我還想把鉛變成金子呢。找到一個好的基金經理，太難了。你覺得難的話，那就對了，說明你懂了。

Q10：芒格先生，考夫曼先生，我沒問題要問，我只想藉此機會向你們表示感謝，謝謝你們編寫了《窮查理寶典》（Poor Charlie’s Almanac）。這是為我打下了堅實的人生基石的一本書，它改變了我對許多事物的思考方式。謝謝你們兩位的辛苦付出。

芒格：其實都是彼得・考夫曼的主意，完全是他一個人搞的。他自己出的錢，他是個有錢的怪人。我只希望有一點，考夫曼能改變一下。考夫曼讓我在印度和中

國很受歡迎，我真希望他能在洛杉磯幫我出出力。（笑）

Q11：您曾經解釋過本・格雷厄姆講的道理，您說，好機會雖然好，如果做過了，卻要吃大苦頭。

芒格：是的。

Q11（續）：如何不完全錯過，又不做過頭，怎麼找到一個平衡點？如何才能避免進場太晚？如何判斷好機會已經過頭了？

芒格：把問題徹底想明白，問題就解決了一半。你已經說了，這是個矛盾：好機會，剛開始進場的時候，潛力十足；好機會，做過了頭，危機四伏。你腦子裡清醒地繃著這根弦，什麼機會，是什麼類型的，自己去分清楚。這個問題，你已經解決一半了，你不需要我幫你。你自己已經知道該怎麼做了。既要看到潛力，又要看到危機。

Q12：在伯克希爾的致股東信中，您也寫了伯克希爾的過去和未來，您講到了伯克希爾之所以能取得成功的幾個原則。我的問題是，伯克希爾作為一家控股公司遵守了一些原則，取得了巨大的成功和優異的記錄，為什麼其他公司不和伯克希爾學一學？

芒格：好問題。我覺得最主要的原因是學不來。例如，像寶潔這樣的大公司，它的固有文化、它的官僚作風，早已根深蒂固，你說怎麼能把寶潔變得像伯克希爾——哈撒韋一樣？這個問題可以直接分到「太難」一類。太難了，已經不可救藥了。

回答你的問題，我們講到了官僚主義。人們還是沒意識到官僚主義的危害有多大。伯克希爾能取得今天的成就，原因之一在於總部根本沒幾個人。伯克希爾沒官僚主義的毛病。伯克希爾有幾位內部審計員，總部有時候派他們出去巡查。總之，我們沒官僚主義的毛病。

沒有官僚主義，上層的管理者又頭腦清晰，這是我們的巨大優勢。在官僚主義橫行的環境裡，我們無法改變現狀，再怎麼有能力，都施展不出來。官僚主義必然導致種種惡劣作風，種種鋪張浪費。官僚主義一定要杜絕。越是取得了成功的地方，越是取得了成功的政府，官僚主義越容易抬頭，侵蝕已經取得的成績。

在官僚主義氾濫的部門，官僚們接受一層又一層助手的服務，出席一場又一場的會議，他們是既得利益者。我們作為局外人對官僚主義深惡痛絕，內部人卻覺得

官僚主義是好東西。這是現代文明的悲哀。現代文明的成功衍生了官僚主義，官僚主義之中孕育了失敗和愚蠢。不是嗎？

官僚主義是現代文明的痼疾。有些地方被官僚主義搞得烏煙瘴氣，誰能把這些地方三分之一的人給踢出去，一下子就清爽了。絕對是大快人心，當然不包括那些被踢出去的人。官僚主義導致種種惡果和浪費，卻又像衰老和死亡一樣無法避免。我們只能讓自己保持樂觀的心態。下一問題——

Q13：我正在研究性格心理學，特別是什麼樣的人相互合作能取得成功。您和沃倫是一對好搭檔，請問你們為什麼能成功合作？

芒格：我告訴你什麼樣的兩個人合夥能成功。兩個都是有本事的人，在一起合作，當然更成功。

Q14：您多次稱讚格萊納爾公司（Glenair）、基威特公司（Kiewit）和好市多公司（Costco）的文化。您認為Daily Journal的文化是什麼？您能否展望一下Daily Journal幾十年後的未來。

芒格：Daily Journal成立Journal Technologies公司開展軟件業務的時候，我已經年紀很大了。蓋林說服了我，我聽從了蓋林的想法。傑瑞負責具體的業務，做得好極了。我沒做什麼貢獻。是蓋林和傑瑞兩個人的功勞。我只是給他們鼓掌而已，我十分起勁地給他們鼓掌。

Q15：您曾經說過，要在魚多的地方釣魚。如果您今天從零開始投資，除了中國，您會在哪釣魚？

芒格：你說除了中國，其實，這麼大的世界，只要找到一個好地方，對我來說，已經足夠了。一定還有其他魚很多的地方，但我覺得，對芒格家族來說，應該沒有比中國更好的地方了。我幫不了你。我自己的問題已經解決了。你的問題，只能靠你自己了。順便說一句，中國的水可以。有些聰明人已經蹚進去了。時候到了，更多人會進場。中國的好公司比美國的好公司便宜。

Q16：我的問題是關於長期利率和複利的。過去幾年，利率一直很低，很難找到實現長期複利的策略。除了投資伯克希爾、價值投資、指數投資，請問能以高

複利長期投資的機會在哪裡？

芒格：你問我如何實現理想化的高複利，我的建議是，降低你的預期。我覺得，在一段時間裡，應該很難。讓預期符合實際，對你有好處，你不至於抓狂。我們經常聽到有人說，從幾百年以來最嚴重的那場大蕭條到現在，不計算通貨膨脹，投資股票指數的年收益率是10％。扣除通貨膨脹，大概是7％左右。

在這麼長的時間裡，7％和10％能拉開巨大的差距。我們就算實際收益率是每年7％。取得這個收益率的時機非常完美，恰好是在大蕭條之後開始並且經歷了人類歷史上最繁榮的時期。從現在開始投資，實際收益率完全可能只有3％或2％。未來人們投資的年收益率是5％，通貨膨脹是3％，這樣的情況完全可能出現。

如果真出現了這種情況，正確的心態是告訴自己：「即使出現了這種情況，我也能活得很好。」我們這些老年人生活的那個年代，哪有你們將來的生活條件好，你們有什麼可鬱悶的？

除了正確的心態，如果將來投資更難了，你應該採取什麼實際行動呢？答案很簡單，因為難度提高了，你應該更努力。可能你努力了一輩子，最後超過了5％，得到的是6％，你應該高興。誰想輕鬆賺大錢，去找吉姆·克萊姆好了。（笑）

Q17：前面有一個問題提到了Daily Journal的公司文化。能否請其他董事講一下董事會的接班計劃？

芒格：我一個人在這講就行了。（笑）

Q18：在過去五年或十年，伯克希爾—哈撒韋的股票投資組合跑贏了標普指數嗎？沒跑贏的話，為什麼伯克希爾不改成投資指數？

芒格：沃倫還是個89歲的小伙子，他一定覺得伯克希爾以後能做的比標普指數強一些。能跑贏指數的人不多。沃倫應該不會看錯自己和自己的團隊。我敢肯定的是，即使跑贏，也只是略微跑贏。

Q19：您如何看待下跌保護？怎麼才能知道何時退出一筆投資？

芒格：我不是退出高手。我的伯克希爾股票是一九六六年買的。我善於挑選，別人比我更會退出。我追求的是永遠不必退出。你問錯人了。成功的投資風格有很多種，有的人是不斷退出的，退出不是我的強項。我不會退出，我甚至不看出口在哪裡，我選擇持有。

你們不知道，看著Costco不斷進步多麼令人欣慰。Costco憑藉「能者上、庸者下」的文化勇往直前。我持有Costco感覺好極了，為什麼要頻繁交易？首先，頻繁交易需要交稅，我的錢不會多，只會少；其次，交易股票遠遠不如尋找自己欣賞和敬佩的人。我找到的是Costco，不是有利的出口。

Q20：二〇一八年5月份，在接受CNBC採訪時，您表示，伯克希爾買Apple的股票買得太少了。您現在仍然這麼看嗎？

芒格：我在這裡講自己對Apple的看法，不會對世界產生任何幫助。我是個固執己見的人，我知道的很多，但不是什麼都知道。我看好Apple，但我不認為自己是關於Apple的專家。

Q21：去年，您說希望持有更多的Apple股票，現在Apple的股價跌了很多。您認為Apple的護城河和競爭優勢是什麼？Apple的股價為什麼會下跌？

芒格：我不知道Apple的股票為什麼漲、為什麼跌。憑我對Apple公司的瞭解，我知道自己為什麼看好這家公司，但是我不知道它的股價最近為什麼漲跌。我們有個祕訣：我們不求知道很多。我桌子上擺著一堆東西，這堆東西解決了我的大部分難題，我給它起了個名字叫「太難」的一堆。

我總是把東西扔到「太難」這一堆裡。偶爾來到我手邊的是很簡單的東西，我很輕鬆地就做了。這是我的處世之道。所有東西都扔到「太難」的那一堆，少數幾個簡單的東西，我可以不假思索地決斷。

Q22：在分析一家公司時，您更看重投資收益率這樣的定量指標，還是品牌優勢、管理層素質這樣的定性因素？

芒格：我們關注定性因素，我們也關注其他因素。總而言之，在具體情況下，什麼因素重要，我們就關注什麼因素。什麼因素重要，需要具體問題、具體分析。我們總是遵守常識——平常人沒有的常識。我剛才講了，把很多東西扔到「太難」的一堆裡，這是平常人沒有的常識之一。

Q23：簡樸的生活顯然是正確的生活。然而，大多數美國人最後活成了莫扎特那樣，超前消費、過度消費、深陷債務的泥潭。您如何保持自制力，克服各種誘

惑，堅持過簡樸的生活？

芒格：我是天生的。（笑）

Q24：我是比亞迪的一位工程師。您如何看待美國當前的基礎設施建設情況？在美國未來的基礎設施建設領域，哪些方面會有較大的發展？

芒格：基建將是很大的一塊蛋糕。在中國，比亞迪取得了很多成就。Daily Journal持有比亞迪的股票。在電動汽車領域，比亞迪將做得很大，現在已經做得很大了，將來會更大。比亞迪的雲軌（中運量的單軌交通）也非常有潛力。雲軌這個生意也是，到了要有大發展的時候。

比亞迪在鋰電池方面也做得很大，它的鋰電池越做越好，取得了實質性的進步。比亞迪公司裡有很多工作狂。比亞迪是Apple和華為的主要供應商，並且獲得了高度認可。我特別欽佩比亞迪，投資比亞迪是我一生中的榮幸。

王傳福是一個農民家庭中的第八個兒子。王傳福的兄長發現了王傳福是家裡的天才。為了培養這個天才弟弟，他捨棄了一切。這就是儒家思想。福特基金會為人類文明做出了許多貢獻，儒家思想能對人類文明做出遠遠更多的貢獻。儒家思想中的家庭倫理觀念非常有建設性。

可以說，比亞迪的成功之中　含著儒家思想。王傳福的兄長是位英雄。王傳福取得的成功不亞於奇蹟。

比亞迪公司非常令人敬佩，我很榮幸參與其中，發明更好的鋰電池、發明更好的雲軌等等。你能為比亞迪工作很幸運，你將見證和參與比亞迪的崛起。對於喜歡挑戰，一週工作80小時的人來說，很難找到再好的公司了。

Q25：您講了，在次貸危機中，您可以漲價，但是沒那麼做，因為在別人失去房子的時候漲價，不是查理・芒格的風格。我想對您說句謝謝。

芒格：你還是第一個謝我的。

Q25（續）：我想請教您的是次貸危機的根源，特別是評級機構扮演的角色。您講過人類誤判的二十個原因，我覺得是切中要害，巴普洛夫效應、否認……

芒格：你說得對。在次貸危機之中，我們的主要金融機構罪大惡極。看到有人用又髒又蠢的手段賺錢，所有人都紅了眼，都跟著幹。貸款的標準、管理的標準，既無知，又缺德。最後導致了一場大風暴，幾乎將整個社會捲入大蕭條。確實是罪

大惡極。

可是，那些人竟然一個個都逍遙法外。我很少和伊麗莎白‧沃倫（Elizabeth Warren民主黨資深聯邦參議員）意見一致，但是我完全贊同她說的：製造了這麼大的災難，卻沒一個人受罰，實屬不該。

Q25（續）：我編寫了一份成立非盈利評級機構的計劃書，想請您給一些意見。

芒格：倒不是因為伯克希爾持有評級公司的股票，只是你這種比較另類的主張，我一般都讓別人自己去搞。我明白你為什麼對現狀感到憂慮，但是，有些人類的問題，我不願去較勁。你說的這個問題，就是其中之一。你認為評級機構需要改進，我贊同。

Q26：我想請教一個關於美國的債務的問題。美國欠下的債務已經超過了22萬億美元，已經超過了我們的GDP。更何況，我們的GDP可能已經達到了峰值，利率可能將上行。在我看來，政壇人士不在乎財政赤字，他們在位的時候又不會發生危機。

普通大眾願意借錢度日，今朝有酒今朝醉。請問，面對這個問題，您覺得我們能做些什麼嗎？有辦法的話，我們該怎麼做？或者說，人類心理本來如此，根本沒辦法，只能等著危機爆發？

芒格：你說的問題值得思考。15年前，整個經濟學界根本想不到，能像我們現在這樣印鈔票，能像我們現在這樣債台高築。日本的例子更極端，出乎所有經濟學家的意料。他們想不到，日本用盡了所有強力措施，都沒把日本經濟拖出長達20年的停滯。

我們現在的所作所為有許多不對的地方。什麼問題都靠印鈔票解決，會遭到報應的。什麼時候來，多嚴重，誰都不知道。15年前，根本沒人想到，我們像今天這麼搞，卻還能安然無恙。邱吉爾說過：「克萊門特・艾德禮（Clement Attlee一九四五～一九五一年英國首相）該謙虛的地方多了。」

我覺得這話同樣適用於經濟學家，他們該謙虛的地方也多了。他們以為自己知道的很多，實則不然。一位希臘哲學家說過「一個人不能兩次踏入同一條河流」。第二次踏入的時候，河不一樣了，人也不一樣了。經濟學也如此。在物理學中，同樣的原理普遍適用，經濟學則不同。在經濟學領域，同一種做法，換個時間，結果

就不同。經濟學很複雜。

你說的問題很重要，誰都不知道答案是什麼，誰知道我們能繼續多久。我個人以為，這些個民主國家早晚要因為負債太重而吞下苦果。我不知道會是什麼時候。

Q27：去年，股票回購創下了記錄，現在華盛頓有人說要立法抑制股票回購。您如何看待股票回購？您認為政界人士是否應當干預公司行為？

芒格：總的來說，我不贊成政界人士干預公司行為。我是這麼看的：當機會特別好，公司特別應該回購自家股票時，它們往往很少去做。當股價高漲，回購不合適的時候，它們倒是回購很多。這就是成年人的世界。現實就是如此。

在現在這個位置，許多回購的合理性值得懷疑。埃迪・蘭伯特（Eddie Lambert 西爾斯董事長）大量回購西爾斯百貨（Sears Roebuck）的股票，有道理嗎？沒有。像他這樣錯誤的做法太多了。

Q28：我今年20歲。像您講的莫扎特的小故事裡的那個年輕人一樣，我想向您請教一下，我這樣的年輕人，怎麼才能過上您這樣成功的一生？

芒格：我自己的子女，我都改變不了。你完全是個陌生人，我又怎麼能幫上你呢？下一代太難改變，普遍的結局都是平庸。有些人能成功，這是少數。人的功績就這麼分的，得到成功的總是少數。追求成功的人很多，得到成功的人很少。

紀律、德行、諍友、機會，說出來都是些簡單的東西。你真想從查理・芒格身上學到點什麼，記住我這句話，「老查理這傢伙，靠得住。」所有那些傳統美德，讓人一生受用。

Q29：您指出了人類的許多愚蠢行為，卻並不因為人類的愚蠢而感到失望。您一直是這樣的人嗎？像您這樣想得開對嗎？

芒格：非常對，這是我的處世之道。我是和猶太人學的。我發現猶太人如此處世，活得很好，況且這也和我的性子相符。所以說，幽默是我的應對之道。

Q30：您一生之中最值得自豪的成就是什麼？為什麼？

芒格：我一生之中並沒有哪個單一的一項成就是我特別值得驕傲的。我給自己設定的目標是追求平常人沒有的常識。我的目標定得很低。我對自己的表現非常滿

意。重新來一次，很難比現在做得更好。我之所以成功，很大一部分原因是在正確的時間、出生在了正確的地點。因為在正確的時間、出生在了正確的地點而取得了成功，我沒什麼可驕傲的。我感到幸運，但並不驕傲。

Q31：先生，我想問您一個問題。請問Daily Journal是如何解決企業經營中的各種常見問題的？例如，信任、激勵員工全力以赴、互利共贏等。

芒格：傑瑞，問你的是個簡單的問題，怎麼解決神的難題？

傑瑞：首先，必須具體問題、具體對待。每個個人、每位員工、每個供應商、每個客戶，都是不同的，必須結合他們的具體情況，不能都簡單地當成待辦事項裡的條目處理。

Q32：我想請查理和彼得回答這個問題。芒格先生說過，任何一年，如果沒推翻自己的成見，或許都是虛度了的一年。請問兩位在二〇一八年是否推翻了自己的成見？如果有的話，是什麼？

芒格：蓋林，你在二〇一八年推翻了自己的什麼成見嗎？

蓋林：我想不起來，你呢？

傑瑞：我們總是想著明天，不想過去。很簡單。前一天結束了，新一天是新的開始。每天都有不同的挑戰，我的工作每天都有變化，每天都不一樣。我和新聞編輯差不多，每天都從一張空白的版面開始。總是想著下個問題怎麼解決，下一步該怎麼做。每天都如此。

Q33：二〇〇八年10月，在雷曼申請破產一個月之後，在經濟危機的深淵中，巴菲特先生發表了他那篇著名的文章，他說自己看好美國，正在買入股票。眾所周知，二〇〇九年3月，您買入富國銀行，抄到了大底。您是怎麼做到的，為什麼二〇〇八年10月沒買，二〇〇九年3月才買？

芒格：第一，在後一個時間，我手裡有錢。第二，在後一個時間，股票更便宜。這兩點是我在後一個時間買入的主要原因。

Q34：聽說您新開發了房地產項目。您開發的是什麼？這個項目取得成功的關鍵因素是什麼？

芒格：沒有，我給我的孫子們買的公寓，當時覺得是個好主意。順便講一下，我剛才這句話，「當時覺得是個好主意」，是這麼來的。許多年前，有個年輕人，在換車的五分鐘時間裡，他把一個在酒吧車上遇到的女人肚子搞大了。這個年輕人的父親問他：「你怎麼想的呢？」你猜這個年輕人怎麼說的？他說：「當時覺得是個好主意。」（笑）

Q35：赫伯·凱萊赫（Herb Kelleher美國西南航空公司總裁）最近去世了，能給我們講講關於他的軼事嗎？

芒格：他是一位非常優秀的商人。我和他不熟。他是個怪咖，總是有喝不完的酒，抽不完的煙，卻開創了一家穩健的公司。這不是我的風格。喝了那麼多波本威士忌，吸了那麼多煙，還能有那麼大的成就，算是創造了人類的一項紀錄了。

我們都應該記住赫伯·凱萊赫。我們都應該希望自己也有他那麼大的能量，即使一股勁兒地糟蹋，照樣能取得成就。老天沒給我他那麼大的能量。我覺得他是個奇蹟。

Q36：假如您像大多數美國人一樣，無法開通中國的股票帳戶，您願意投資中國公司的美國存託憑證（Depositary Receipts）嗎？中概股大多採用V.I.E. 架構，股東權利受到很大限制，也不受中國政府的保護。

芒格：我不太瞭解存託憑證。對於專業人士搞出來的投資產品，我普遍持懷疑態度。別人不遺餘力地推銷叫賣的東西，我一般都遠離它。你講的東西，是我不碰的東西。我幫不了你。你講的這個地方，是我回避的地方。

Q37：在美國大型銀行的資產負債表上，衍生品投資組合佔的分量越來越重。證券交易委員會（SEC）沒有對衍生品信息披露的透明度做出規定。在這個問題上，您擔心您投資的銀行嗎？擔心其他銀行嗎？

芒格：每個明智的投資者都會擔心銀行，因為在銀行這項生意裡，管理層天然地要面對做傻事的誘惑。銀行的管理層如果想虛增利潤，有的是辦法。把未來的利潤挪到現在，簡直輕而易舉，雖然這會損害公司長遠的發展。沃倫說得好：「銀行業的問題在於，銀行很多，銀行家很少。」所以說，真要投資銀行的話，只能在勝券在握的情況下買入。因為隨著時間推移，銀行的生意將被嚴重的愚蠢侵蝕。

Q38：假如無法選擇談判對手，已經盡力和對方講理，但對方一直都蠻不講理，在這種情況下，請問該怎麼辦？

芒格：你講的這個情況，我的解決辦法是儘量遠離。一個難題，是我解決不了的，我會拉一條警戒線，讓問題根本別想鑽進來。不管是誰遇到難纏的人、棘手的事，都沒什麼好辦法。很遺憾，我解決不了你的問題，我的大原則是靠遠離解決。

Q39：在青少年時期，您和巴菲特先生都在巴菲特家的雜貨店裡打過工。請問您青少年時期的打工經歷是否對您特別有幫助？是否讓您獲得了超越其他投資者的優勢？

芒格：當然了。我很小的時候就從我太姥爺身上學到了很多。我還是個孩子的時候，我就觀察到我周圍的很多大人，他們雖然很聰明，卻總做傻事。我發現，明明是非常聰明的人，卻特別的不理智。

於是，我決心尋找其中的規律，弄明白原因是什麼、解決辦法是什麼。我還是個小孩子的時候，就開始做這件事了，當然對我幫助很大。一件有益的事，越早開始做越好，誰不是呢？診斷愚蠢這件事最有益，還有別的事更有益的嗎？

Q40：在今天的環境下，在評估潛在投資時，您會採用什麼樣的折現率？

芒格：過去的環境不同，專業投資人士獲得的收益比較高。現在，我覺得他們只能接受更低的折現率。

Q41：在您90歲那年，在Daily Journal的年會上，我很高興，您迎來了90大壽。現在您已經95歲了……

芒格：你很高興，我更高興！（笑）

Q41（續）：希望您能活到120歲。您給我們的生活帶來了正能量，我始終特別感謝您。我想請教您一個關於壓力、睡眠和長壽的問題。在商業中，有些競爭的對手很卑鄙。我們自己講誠信、講道德，但是競爭對手卻靠欺騙和造假，把我們打得很慘。

無論是商業中，還是生活中，都有很大的壓力，您卻總能保持鎮靜。在您95年的生活中，您是怎麼排解焦慮的？怎麼做到鎮定自若的？如何讓自己超脫出來？即使在所羅門兄弟醜聞之中，您也能保持每晚八小時的睡眠嗎？

芒格：我沒做到像你說的那樣。其實，我年輕的時候睡不好覺，現在好多了。

進入晚年，我學到了個小竅門。

年輕時，到了睡覺的時候，我從來不會有意識地清空腦子，我就躺在那左思右想，和問題較勁，很晚很晚了，還沒睡著。一晚上沒睡好的話，我也不當回事，我心想，管它呢，明晚再睡好了。

我這樣的做法很傻。現在不一樣了，我在睡覺之前特意把腦子清空，很快就睡著了。建議你們都試試，真的很有效。我真不知道自己怎麼搞的，到了93歲才學會這招。（笑）

Q42：羅伯特‧西奧迪尼（Robert Cialdini）寫了《影響力》（Influence）一書，您覺得寫得好，贈送了他一股伯克希爾的股票。阿圖‧葛文德（Atul Gawande）在《紐約客》（New Yorker）雜誌上發表了一篇關於醫保的文章，您覺得寫得好，送了他一張2萬元的支票。請問您還向其他哪些人贈予過嗎？

芒格：我忘了，應該不太多吧。阿圖‧葛文德和西奧迪尼都是非常優秀的人。我偶爾有這樣的奇怪之舉，但也不是總做這樣的事。這兩件事，我覺得我做得很漂亮。

Q43：假如有人能發明時間機器，讓您可以回到過去，與41歲的您共進晚餐，您會給過去的自己哪些建議？

芒格：如果我當年聰明一些，就不會錯過那個機會，資產也不會比現在少一半。回憶過去，總是有些事可以做得更好。誰都一樣。然而，誰都必然有錯過機會的時候，這是注定的。我始終認為，改變不了的事，就別太糾結。牢騷滿腹、怨天怨地是人生大忌。

道理很簡單，許多人卻因此白白地毀了自己。嫉妒也是大忌，而且嫉妒這宗罪還毫無樂趣。誰在嫉妒之中獲得了享受？嫉妒對你有什麼好處？總有別人比你強。嫉妒別人太傻了。我的處世之道是：看透最傻的事，敬而遠之。如此生活，我不能讓自己成為一個受歡迎的人，但是我能對許多麻煩做到防患未然。

Q44：請問伯克希爾的投資組合中為什麼沒有醫療行業？

芒格：一方面，我們對醫療行業的瞭解不夠深；另一方面，憑我們已有的瞭解，我們不看好。這兩方面結合起來可以作為不投資的充分理由。

Q45：您如何看待贏家通吃的商業模式？五、六十年代有這樣的案例嗎？

芒格：能事先找到這樣的公司，並做出準確的預測，那當然好極了。贏家通吃，太完美了。你在找，別人也都在找，所以非常難。

Q46：我還處於不知道自己的能力圈在哪的人生階段。我想請教您，您是怎麼找到自己的能力圈的？

芒格：知道自己的能力圈的邊界，非常重要。連邊界在哪都不知道，怎麼能算是能力圈？沒那個能力，卻以為自己有，肯定要犯大錯。我覺得，你得了解自己能做到什麼、別人能做到什麼，你需要始終堅定地保持理性，特別是別自己騙自己。

從我一生的閱歷來看，理性地認識自己的能力這項特質主要是由基因決定的。我覺得像沃倫和我這樣的人是天生的。後天的教育很重要，但是，我認為，我們生下來就具備了投資成功所需的性格。我沒辦法讓你回到娘胎中重生。

Q47：您和沃倫合作幾十年了，為什麼沃倫的錢比您多那麼多？

芒格：他開始的比我早，他比我聰明一些，他比我更勤奮。再沒別的了。阿爾

伯特・愛因斯坦為什麼沒我有錢？（笑）

我們預定的時間快到了。我再回答一個問題，然後我們結束。

Q48：您非常看好在中國投資的前景，您認為大多數美國人沒看到投資中國的機會。請問我們沒看到什麼？我們去中國投資需要注意什麼？

芒格：你們沒看到的是，中國的機會比美國的機會多。這樣說還不夠清楚嗎？你是覺得在美國投資很輕鬆，用不著去中國嗎？

——會議到此結束。

傑瑞：感謝各位參加今年的Daily Journal股東會。歡迎各位明年再來！

3．CNBC對芒格的採訪

DJCO年會結束後，芒格接受了CNBC（全國廣播公司商業頻道）記者半個小時的採訪，其中幾個問題如下：

記者：您現在是否注意到了什麼危機的苗頭，但是普通人卻沒察覺？

芒格：沒人知道印鈔機能開到什麼時候。有些政壇人士，兩黨中都有，他們以為印多少鈔票都沒關係，他們以為根本不必在意，需要多少印多少。羅馬帝國就這麼幹的，它垮了。魏瑪共和國也是這麼幹的，也垮了。

到了一定程度，危險會顯現出來。你知道，對待大危險，我的態度是，離得越遠越好。別人卻是只要不掉進去，貼得越近越好。我覺得太懸了。我不想那麼幹。

記者：您是說，可能被大危險吸進去嗎？

芒格：對。如果河裡有一個大漩渦，我一定離得遠遠的。曾經有一群漂流者，他們要挑戰亞倫急流（Aaron Rapids）。他們來自斯堪的納維亞。亞倫急流的漩渦特別大，漩渦大，他們進行挑戰的慾望反而更強了。結果所有的挑戰者都死了。我覺得他們死了很正常。

記者：查理，人們來到這裡聆聽您的教誨，不只是向您學習商業或投資方面的智慧，還向您請教關於生活的建議。今天的很多問題都是在問您長壽、幸福的祕訣是什麼。

芒格：這個很好回答，因為道理很簡單。

不嫉妒。不抱怨。不過度消費。面對什麼困難，都保持樂觀的心態。交靠譜的人。做本分的事。都是些簡單的道理，也都是些老掉牙的道理。做到了，一生受益。

記者：您是多大的時候，才想明白的？

芒格：七歲左右。我小時候看到了周圍有的大人犯傻。別人犯傻的時候，我總是能看出來。全世界不理智的人、不理智的事太多了，我知道什麼是傻，這是我的優勢。我自己一直在思考，人們犯傻的根源是什麼，怎麼才能不犯傻。我確實從中收穫很多。

還有，保持樂觀的心態，這樣的人才是聰明人。難道不是嗎？一個人牢騷滿腹、怨天怨地，怎麼可能有樂觀的心態？當然不可能。那還為什麼要抱怨？

記者：如果能回到過去，您會給20歲的自己什麼建議？

芒格：我的許多子女都很有出息。我沒幫上他們什麼。我覺得，子女生下來是什麼樣，基本就是什麼樣。父母只能做旁觀者。作為一個父親，我通過觀察發現，孩子身上的許多東西都是天生的，這個你不得不信。

內向的小孩，長大了也內向。吵鬧的、專橫的、招人煩的小孩，長大了也吵鬧、專橫、招人煩。我發現自己根本改變不了。我能做到的是，用樂觀的心態去接受，但我改變不了孩子本身。我可以改變的是自己的態度，但改變不了結果。

記者：查理，感謝您抽取時間接受採訪。非常感謝。

芒格：謝謝你們。似乎在印度和中國，我的粉絲很多。除了他們支持我，似乎再沒別人了。好在很多人還沒我這麼多支持者呢。所以，我很知足了。

記者：再次感謝您接受我們的採訪。謝謝。

第三章

規模優勢就是企業競爭力

芒格雖是出身於法學院，但他博覽群書，最愛琢磨日常生活裡奇奇怪怪的現象，也常常用自己的話，把一些高深的理論解釋得妙趣横生。轉行走入商界之後，芒格對經濟學產生了興趣，他曾調侃自己，一天經濟學課程都沒上過，但也能總結出經濟學的靠譜和不靠譜之處。

以下是他有一次在南加州大學馬歇爾商學院的演講主題「企業競爭力」，芒格就曾詼諧幽默地以微觀經濟學中的「規模優勢」為例，解釋了許多企業的成功與失敗，其中包括沃爾瑪、通用電氣等影響巨大的公司。整篇演講金句頻出，例如「簡單的幾何學能夠給你一種規模優勢」、「企業變大之後，就會出現官僚機構的作風，而這種作風會造成敷衍塞責的情況——這也是人類的本性」等等。字裡行間洋溢著芒格式的智慧，又同時讓人明白了規模優勢是什麼、大企業的得與失以及個人是如何被規模優勢俘獲的，非常值得一讀。

I・經濟也是一種生態系統

各位：

現在，我們要談到的是一種不那麼可靠的人類智慧——微觀經濟學。我發現把自由的市場經濟——或者部分自由的市場經濟——當做是某種生態系統是很有用的思維方式。

（編按・生態系統理論，也稱作背景發展理論或人際生態理論，每個系統都包含了能有力地影響發展的角色與規範法則。）

可惜能這麼想的人不多，因為早在達爾文時代以來，工業大亨之類的人認為適者生存的法則證明他們確實擁有過人的能力——你們也知道的，他們會這麼想：「我最富有。所以，我是最好的。真是老天有眼。」

人們對工業大亨的這種反應很反感，所以很不願把經濟想成一種生態系統。但實際上，經濟確實很像生態系統。它們之間有很多相似之處。

跟生態系統的情況一樣，有狹窄專長的人能夠在某些狹窄領域中做得特別好。動物在合適生長的地方能夠繁衍，同樣地，那些在商業世界中專注於某個領域——並且由於專注而變得非常優秀的人，往往能夠得到他們無法以其他方式獲得的良好經濟回報。

一旦開始談論微觀經濟學，我們就會遇到規模優勢這個概念。現在我們更為接近投資分析了——因為規模優勢在商業的成敗中扮演了至關重要的角色。

例如，全世界所有商學院都教學生說，一個巨大的規模優勢是成本會沿著所謂的經驗曲線下降。那些受到資本主義的激勵和想要改善生產的人們只要加大產量，就能夠讓複雜的生產變得更有效率。

「規模優勢理論」的本質是，你生產的商品越多，你就能更好地生產這種商品。那是個巨大的優勢。它跟商業的成敗有很大的關係。

讓我們看看規模優勢都有哪些——儘管這會是一個不完整的清單。有些優勢可以通過簡單的幾何學得以說明。如果你打算建造一個油罐廠，很明顯，隨著油罐的增大，油罐表面所需的鋼鐵將會以平方的速率增加，而油罐的容量將會以立方的速率增加。也就是說，當你擴建油罐廠時，你能用更少的鋼鐵得到更多的容積。

有許多事情都是這樣的，簡單的幾何學——簡單的現實——就能夠給你一種規模優勢。

簡單說明一下：你能夠從電視廣告中得到規模優勢。在電視廣告最早出現的時候——也就是在彩色電視機第一次走進我們的客廳的時候，它是一種強大得令人難以置信的東西。早期三家電視網路公司擁有大概90%的觀眾。

嗯，如果你們是寶潔公司（P&G），你們有足夠的財力使用這種新的廣告手段。你們能夠承擔起非常高昂的電視廣告費用，因為你們賣出的產品多得不得了。另外有些勢單力薄的傢伙就做不到。因為他們付不起那筆錢，所以他們無法使用電視廣告。實際上，如果你們的產量不夠大，你們也用不起電視廣告——那是當時最有效的宣傳技巧。

因此，當電視出現的時候，那些規模已經很大的名牌公司更是獲得了巨大的推動力（如虎添翼地，不管花多少廣告費，他們就會賺得數十倍、數百倍、數千倍的利益……）。實際上，它們生意蒸蒸日上，發了大財，直到其中有些變得腦滿腸

肥，這是發財後會出現的情況——至少對有些人來說是這樣。

所以，你的規模優勢可能是一種信息優勢。如果我去到某個偏遠的地方，我可能會看到綠箭的口香糖和格羅茲的口香糖擺在一起。我個人知道綠箭口香糖是一種令人滿意的產品，可是對格羅茲卻毫不瞭解。如果綠箭賣四十美分，格羅茲賣三十五美分，你們覺得我會為了區區五分錢而把某樣我不瞭解的東西放到嘴巴裡去嗎？——這畢竟是非常私人的行為。

所以，綠箭只是因為擁有了很高的知名度而獲得了規模優勢——你們也可以稱之為資訊優勢。

2．高知名度會產生社會認同

另外，有一種規模優勢來自心理學。心理學家使用的術語是「社會認同」（Social Proof）。在生活中，我們會潛意識地，以及在某種程度上有意識地，受到其他人的認同的影響。因此，如果大家都在買一樣東西，我們會認為這樣東西很好。我們不想成為那個落伍的傢伙。

這種情況有時候是潛意識的，有時候是有意識的。有時候，我們清醒而理智地想：「哇，我對這東西不熟悉。他們比我瞭解得更多。那麼，為什麼我不跟著他們呢？」

由於人類心理而產生的「社會認同現象」使商家可以極大地拓寬產品的銷售渠道，這種優勢自然是很難獲得的。可口可樂的優勢之一就是它的產品幾乎覆蓋了全世界各個角落。

喏，假設你們擁有一種小小的軟飲料商品。要怎樣才能讓它遍佈地球各個角落呢？全球性的銷售渠道——這是由大企業慢慢建立的——是非常大的優勢……

你們不妨想一下，如果你們在這方面擁有足夠的優勢，別人想要動搖你們的地位是很難做到的。

規模優勢還有另外一種。有些行業的情況是這樣的，經過長期的競爭之後，有一家企業取得了壓倒性的優勢。最明顯的例子就是日報。在美國，除了少數幾個大城市之外，所有城市都只有一家日報。

這同樣跟規模有關。如果我的發行量占到絕大多數的份額，我就能拿到絕大多數的廣告。如果我擁有了大量的廣告和發行量，還有誰想看那份更薄、信息量更少的報紙呢？所以會慢慢出現贏家通吃的局面。那是一種獨特的規模優勢現象。

同樣的，所有這些巨大的規模優勢使企業內部能夠進行更為專門的分工。每個員工因此能夠把本職工作做得更好。

這些規模優勢非常強大，所以當傑克・威爾許到了龐大的怪獸——通用電氣時，他說：「讓它見鬼去吧。我們必須在每個我們涉足的領域做到第一或者第二，否則我們就退出。我不會在乎要解雇多少人，賣掉哪些業務。如果做不到第一或者第二，我們寧可不做。」

威爾許那麼做顯得鐵面無情，但我認為那是非常正確的決定，能夠使股東的財富最大化。我也不認為這種做法有什麼不文明的，因為我認為自從有了傑克・威爾許之後，通用電氣變得更加強大了。

當然，規模太大也有劣勢。例如，我們——我說的是伯克希爾——哈撒韋——是美國廣播公司（ABC）最大的股東。我們旗下有很多刊物都倒閉了——被競爭對手打敗了。他們之所以能夠打敗我們，是因為它們更加專業。

那麼，他們的效率比我們高得多。他們能夠告訴更多負責企業差旅部門的人。另外，他們不用浪費墨水和紙張把材料寄給那些沒有興趣閱讀的差旅部門。那是一個更有效的系統。由於我們沒他們專業，所以一敗塗地。

《星期六晚報》和其他所有那些刊物的下場都是這樣的。它們消失了。我們現

在擁有的是《越野摩托》——它的讀者是一群喜歡參加巡迴比賽、在比賽時開著摩托車翻跟頭的傻子。但他們關注它。對他們來說，它就是生活的主要意義。一份叫做《越野摩托》的雜誌完全是這些人的必需品。它的利潤率會讓你們流口水。

只要想想這些刊物的讀者群體有多專一就知道了。所以縮小規模、加強專業化程度能夠給你帶來巨大的優勢。大未必就是好。

3．官僚作風讓企業失控

這使競爭變得更有趣，因為大公司並非總是贏家——企業變大之後，就會出現官僚機構的作風，而這種作風會造成敷衍塞責的情況——這也是人類的本性。

這時企業內部的激勵機制會失靈。例如，如果你們在我年輕時為AT&T（美國電話電報公司，曾長期壟斷美國長途和本地的電話市場）工作，當時它是個很大的官僚機構。誰會真的在乎股東利益或別的什麼事呢？而且在官僚機構裡面，當工作從你手上轉到別人手上時，你會認為工作已經完成了，但它實際上當然尚未完成。

這種大型、臃腫、笨拙、麻木的官僚機構就是這樣的。

它們還會導致某種程度的腐敗。換句話說，如果我管一個部門，你管一個部門，我們都有權力處理這件事，那麼就會出現一種潛規則：「如果你不找我麻煩，我也不會找你麻煩，這樣咱們都高興。」於是，就出現了多重管理層，以及不必要的相關成本。

然後呢，在人們沒法證明這些管理層是有必要存在的情況下，任何事情都要花很長時間才能辦成。他們往往反應遲鈍，做不了任何決定，頭腦靈活的人只能圍著他們打轉。

大規模的弊端向來在於它會導致龐大、笨拙的官僚機構——最糟糕的、弊病最多的官僚機構當然是各種政府部門，它們的激勵機制真的很差勁。這並不意味著我們不需要政府——因為我們確實需要。但要讓這些大型的官僚機構辦點事是讓人非常頭疼的問題。

所以，人們開始找對策。他們設立了分散的小單位以及很棒的激勵和培訓計畫。例如，大企業通用電氣就用驚人的技巧和官僚作風鬥爭。但那是因為通用電氣的領袖是個天才和激情的結合體，他們在他還夠年輕的時候就扶他上位，所以他能掌權很久。這個人就是——傑克・威爾許。

但官僚作風很可怕。隨著企業變得非常龐大和有影響力，可能會出現一些失控的行為。看看西屋電器就知道了。他們愚蠢地放出幾十億美元的貸款給房地產開發商。他們讓某個從基層爬上來的人——我不知道他是做什麼起家的，可能是電冰箱之類的——來當領袖，突然之間，他借了大量的錢給房地產開發商蓋酒店——這是以己之短，攻人之長。沒隔多久，他們就把幾十億美元輸光了。

哥倫比亞廣播公司是個有趣的例子，它印證了另外一條心理學原則——巴甫洛夫效應（編按：即經典條件反射作用，是指一個刺激和另一個帶有獎賞或懲罰的無條件刺激多次聯結反應；人類的需求行為是一種條件反射的行為）。如果人們說了你確實不想聽的話——也就是讓你不高興的話——你會自然而然地生出抵觸情緒。你必須訓練自己擺脫這種反應。倒不是說你一定會這樣。但如果你不加以注意，就很可能會這樣。

電視剛出現的時候，整個市場由一家公司主導——哥倫比亞廣播公司。佩利（編按・哥倫比亞廣播公司前董事長和奠基人，美國著名企業家，被稱為哥倫比亞廣播公司之父）就像神一樣。但他聽不得逆耳忠言，他的手下很快就發現了這一點。所以他們只跟佩利說他喜歡聽的話。結果沒隔多久，他就生活在一個謊言編織的世界裡，而公司的其他一切都敗壞了——雖然它還是一個偉大的企業。

哥倫比亞廣播公司的各種蠢事都是由這種風氣造成的。比爾・佩利掌權的最後十年真像是「瘋帽匠的茶會」（編按・典出於《愛麗絲夢遊仙境》）。

這絕對不是惟一的例子。企業高層嚴重失控的情況是很普遍的。當然，如果你們是投資人的話，情況可能會大不相同。可是如果你們像巴里（編按・指阿曼達・巴里奧尼斯，她在二〇一七年以記者身分加入CBS團隊）那樣，在得到CBS之後，進行那麼多的收購，聘請那麼多的愚蠢顧問——投資銀行家、管理顧問之類的人，這些人都拿著非常高的薪水——那麼情況就會極其糟糕。

所以，生活就是兩種力量之間無休無止的鬥爭，一邊是獲得上面提到的那些規模優勢，另一邊是變得像美國農業部那樣人浮於事——農業部的人只是坐在那裡，什麼也不做。我不知道他們到底幹了些什麼，但我知道他們沒幹幾件有用的事。

4・連鎖店對社會的貢獻

就規模經濟的優勢這個話題而言，我覺得連鎖店非常有趣。想想就知道啦。連鎖店的概念是一個迷人的發明。你得到了巨大的採購能力——這意味著你能夠降低商品的成本。那些連鎖店就像大量的實驗室，你可以用它們來做實驗。你變得專門化了。

如果有個小商店的老闆試圖在上門推銷的供貨商影響下選購27類不同的產品，他肯定會作出很多愚蠢的決定。但是如果你的採購工作是在總部完成的，旗下有大量的商店，那麼你可以請一些精通冰箱等等商品的聰明人來完成採購工作。

那些只有一個人負責全部採購的小商店會出現糟糕的局面。曾經有個故事這麼說：一家小商店堆滿了食鹽。一個陌生人走進去，對店主說：「哇，你肯定賣掉很多鹽。」店主的回答是：「沒有啦。賣給我鹽的那個人才是賣掉了很多鹽。」

連鎖店在採購上有巨大的優勢，此外還有一套完善的制度，規定每個人應該做些什麼。所以連鎖店可以成為很棒的企業。

沃爾瑪的歷史很有意思，它最初只有一家店，在阿肯色州，而當時最具聲望的百貨商店是坐擁數十億美元資產的西爾斯。阿肯色州本頓威爾市一個身無分文的傢伙（指沃爾瑪創始人：山姆・沃爾頓）如何打敗西爾斯呢？他用一生的時間完成了這項偉業——實際上，他只用了半生的時間，因為當他開出第一家小商店時，他已經相當老了。

連鎖店這個遊戲，他玩得比誰都努力，玩得比誰都好。實際上沃爾頓並沒有什麼創新。他只是照搬其他人做過的所有聰明事——他更為狂熱地去做這些事，更有效地管理下屬的員工。所以他能夠把其他對手都打敗。

他在早期採用了一種非常有趣的競爭策略。他就像一個為獎牌而奮鬥的拳手，想弄到一份輝煌的戰績，以便躋身決賽，成為電視的焦點。他是怎麼做的呢？他出去找了42個不堪一擊的對手，結果當然是勝出、勝出、勝出——連贏42次。

精明的沃爾頓基本上打敗了早期美國小城鎮的其他所有零售商。雖然他的系統效率更高，但他可能無法給那些大商店當頭一棒。但由於他的系統更好，他當然能夠摧毀這些小城鎮的零售商。他一而再、再而三地這麼做。然後，等到規模變大之後，他的目標就是開始摧毀那些大企業。

嗯，這真是一種非常、非常精明的策略。

你們也許會問：「這種做法好嗎？」資本主義是非常殘酷的。但我個人認為，世界因為有了沃爾瑪而變得更加美好。我想說的是，你們可以把小城鎮的生活想得很美好。但我曾經在小城鎮生活過很多年。讓我告訴你們吧——你們不應該把那些被沃爾瑪摧毀的小企業想得太美好。

此外，沃爾瑪的許多員工都是優秀能幹的人，他們需要養家糊口。我並沒有低級文化打敗高級文化的感覺。我認為那種感覺無非是懷舊和幻覺。但不管怎麼說，沃爾瑪這個有趣的模式讓我們看到了當規模和狂熱結合起來能夠產生多大的威力。

這個有趣的模式也向我們說明了另外一個問題——西爾斯雖然擁有很大的規模優勢，但那種人浮於事的官僚作風卻給它造成了可怕的損失。西爾斯有許許多多的冗員。它的官僚習氣非常嚴重。它的思維很慢，而且它思考問題的方式很僵化。如果你的頭腦出現了新的想法，這種系統會反對你。它擁有一切你能想像得到的大型

官僚機構的弊端。

平心而論，西爾斯有大量的優點，但不如沃爾瑪那麼精簡、苛刻、精明和有效率。所以沒隔多久，西爾斯所有的規模優勢就都抵擋不住沃爾瑪和其他零售商同行的猛烈進攻了。

（編按：西爾斯百貨創立於一八九三年，是當時美國最大的零售商。在一九九〇年時被後起之秀沃爾瑪和凱馬特超越了，二〇一八年10月15日西爾斯控股宣告破產。）

今天就此為止，謝謝大家！

第四章

隱藏你的睿智，直到別人發現

——二〇〇七年在南加州大學法學院畢業典禮上的演講

各位：

你們當中肯定有許多人覺得奇怪——這個人那麼老了，還能來演講？

嗯，答案很明顯——他還沒有死。

（笑——台下笑成一片）

不管怎麼樣，我想我來這裡演講是合適的。我自己養育過許多子女，我知道他們真的比坐在前面這些穿學位禮服的學生更感光榮。父母為子女付出了許多心血，把智慧和價值觀傳授給子女，他們應該永遠受到尊敬。

我已經把今天演講的幾個要點寫下來了，下面就來介紹那些對我來說最有用的道理和態度。我並不認為它們對每個人而言都是完美的，但我認為它們之中有許多具有普遍價值，也有許多是「屢試不爽」的道理。

I．什麼是人生的「黃金法則」？

首先，到底是哪些重要的道理幫助了我呢？我非常幸運，很小的時候就明白這樣一個道理：「要得到你想要的某樣東西，最可靠的辦法是讓你自己配得起它。」這是一個十分簡單的道理，是人生的「黃金法則」。

一、你想要什麼？要讓自己配得上它

你們要學會「己所不欲，勿施於人。」在我看來，無論是對律師還是對其他人來說，這都是他們最應該有的精神。總而言之，擁有這種精神的人在生活中能夠贏得許多東西。他們贏得的不只是金錢和名譽。他們還贏得尊敬，理所當然地贏得與他們打交道的人的信任。能夠贏得別人的信任是非常快樂的事情。

有時候你們會發現有些徹頭徹尾的惡棍死的時候「既富裕又有名」，但是周圍的絕大多數人都知道他是死有餘辜。如果教堂裡滿是參加葬禮的人，其中大多數人去那裡是為了「慶祝」這個傢伙終於死了。

這讓我想起了一個故事：有個這樣的混蛋死掉了，神父說：「有人願意站出來，對死者說點好話嗎？」沒有人站出來，好長時間沒有人站出來，最後有個人站了出來，他說：「好吧，他哥比他更糟糕。」

這不是你們想要得到的下場吧？以這樣的葬禮告終的生活，絕對不是你們想要的生活。

二、正確的愛，應該以仰慕為基礎

我很小就明白的第二個道理是，正確的愛應該以仰慕為基礎，而且我們應該去愛那些對我們有教育意義的先賢。我懂得這個道理且一輩子都在實踐它。毛姆（英國小說家）在他的小說《人性的枷鎖》中描繪的愛是一種有病的愛。那是一種病，如果你們發現自己有那種病，應該趕快把它治好。

有一個道理非常重要，那就是你們必須堅持「終身學習」。如果不終身學習，你們將不會取得很高的成就。光靠已有的知識，你們在生活中走不了多遠。離開這裡以後，你們還得繼續學習，這樣才能在生活中走得更遠。

就以世界上最受尊敬的公司伯克希爾—哈撒韋來說，它的長期大額投資業績可能是人類有史以來最出色的。讓伯克希爾在這一個十年賺到許多錢的方法，在下一個十年未必還能那麼管用。所以沃倫·巴菲特不得不成為一部不斷學習的機器。

層次較低的生活也有同樣的要求。我不斷地看到有些人在生活中越過越好。他們不是最聰明的，甚至不是最勤奮的，但他們是學習機器。他們每天夜裡睡覺時，都比那天早晨聰明一點點。孩子們，這種習慣對你們很有幫助，特別是在你們還有很長的路要走的時候。

三、只有你自己學會學習的方法之後，才能有所進步

懷海德（英國哲學家）曾經說過一句很正確的話，他說只有當人類「學習了學習的方法」之後，人類社會才能快速地發展。他指的是人均GDP的巨大增長和其他

許多我們今天已經習以為常的好東西。人類社會在幾百年前才出現了大發展，在那之前，每個世紀的發展幾乎等於零。

人類社會只有學習了學習的方法之後才能發展，同樣的道理，你們只有學習了學習的方法之後才能進步。

我非常幸運。在就讀哈佛法學院之前就已經學會了學習的方法。在我這漫長的一生中，沒有什麼比持續學習對我的幫助更大。

再拿沃倫・巴菲特來說，如果你們拿著計時器觀察他，會發現他醒著的時候有一半時間是在看書。他把剩下的時間大部分用來跟一些非常有才幹的人進行一對一的交談，有時候是打電話，有時候是當面，那些都是他信任且信任他的人。仔細觀察的話，沃倫很像個老學究，雖然他在世俗生活中非常成功。

學術界有許多非常有價值的東西。不久之前我就遇到一個例子。我是一家醫院的理事會主席，在工作中接觸到一個叫約瑟夫・米拉的醫學院研究人員。這位仁兄是醫學博士，他經過多年的鑽研，成為世界上最精通骨腫瘤病理學的人。他想要傳播這種知識，提高骨癌的治療效果。他是怎麼做的呢？嗯，他決定寫一本教科書，雖然我認為這種教科書最多只能賣幾千冊，但世界各地的癌症治療中心都買了它。

他休了一年假，把所有X光片弄到電腦裡，仔細地保存和編排。他每天工作17個小時，而且每週工作七天，整整堅持了一年。這也算是休假啊。在假期結束的時候，他寫出了世界上最好的兩本骨癌病理學教科書中的一本。如果你們的價值觀跟米拉差不多，你們想取得多大的成就，就能取得多大的成就。

四、不斷學習各學科最重要的知識點，並不斷實踐它們

另一個對我非常有用的道理是我當年在法學院學到的。那時有位愛開玩笑的教授說：「什麼是法律頭腦？如果有兩件事交織在一起，相互之間有影響，你努力只考慮其中一件，而完全不顧另外一件，以為這種思考方式既實用又可行的頭腦就是法律頭腦。」我知道他是在說反話，他說的那種「法律」方法是很荒唐的。

這給了我很大的啟發，因為它促使我去學習所有重要學科的所有重要道理，這樣我就不會成為那位教授描繪的蠢貨了。因為真正重要的大道理占了每個學科95%

的份量，所以對我而言，從所有學科吸取我所需要的95％的知識，並將它們變成我思維習慣的一部分，也不是很難的事情。

當然，掌握這些道理後，你們必須通過實踐去使用它們。這就像鋼琴演奏家，如果你們不持續練習，就不可能彈得好。所以我這輩子不斷地實踐那種跨學科的方法。

這種習慣幫了我很多忙。它讓生活更有樂趣。讓我能做更多事情，讓我變得更有建設性，讓我變得非常富有，而這無法用天分來解釋。我的思維習慣，只要得到正確的實踐，真的很有幫助。

但這種習慣也會帶來危險，因為它太有用了，如果你們使用它，當你們和其他學科的專家（甚至是你們的老闆），能夠輕而易舉地傷害你們。你們會常常發現，原來你們的知識比你老闆更豐富，更能夠解決他所遇到的問題。當他束手無策的時候，你們有時會知道正確的答案。

遇到這樣的情況是非常危險的，因為你們的正確讓有身份有地位的人覺得沒面子，但我還沒有找到避免受這個嚴重問題而傷害的完美方法。

2．隱藏你的睿智，直到別人發現

儘管我在年輕時撲克牌玩得很好，但在我認為我知道的比上級多的時候，我不太擅長掩飾自己的想法，沒有很謹慎地去努力掩飾自己的想法，所以我年輕時總是得罪人。

現在人們通常把我當成一個「行將就木」的沒有惡意的古怪老傢伙，但在從前我有過一段很艱難的日子。我建議你們不要學我，最好學會隱藏你們的睿智。

我有個同事，他從法學院畢業時成績是全班第一名，曾在美國最高法院工作過，年輕時當過律師，當時他總是表現出見多識廣的樣子。

有一天，他上級的高級合夥人把他叫進辦公室，對他說：

「聽好了，查克，我要向你解釋一些事情，你的工作和職責是讓客戶認為他是房間裡最聰明的人。如果你完成了這項任務之後還有多餘的精力，應該用它來讓你

的高級合夥人顯得像是房間裡第二聰明的人——只有履行了這兩條義務之後，你才可以表現你自己。」

一、要擁有跨學科的心態，煉成自己的思維框架

人們必須擁有跨學科的心態，才能高效而成熟地生活。在這裡，我想引用古代最偉大的律師西塞羅的一個重要思想。西塞羅有句話很著名，他說，「如果一個人不知道他出生之前發生過什麼事情，在生活中就會像一個無知的孩童。」

這個道理非常正確，西塞羅正確地嘲笑了那些愚蠢得對歷史一無所知的人。但如果你們將西塞羅這句話推而廣之，我認為你們應該這麼做：除了歷史之外，還有許多東西是人們必須瞭解的。

所謂的「許多東西」就是所有學科的——重要思想。但如果你對一種知識死記硬背，以便能在考試中取得好成績，這種知識對你們不會有太大的幫助。你們必須掌握許多知識，讓它們在你們的頭腦中形成一個思維框架，在隨後的日子裡能自動地運用它們。

如果你們能夠做到這一點，我鄭重地向你們保證，總有一天你們會在不知不覺中意識到：「我已經成為我的同齡人中最有效率的人之一。」

與之相反，如果不努力去實踐這種跨學科的方法，你們中的許多最聰明的人只會取得中等成就，甚至生活在陰影中。

二、想更好解決問題，要嘗試學會逆向思考

我發現的另外一個道理蘊含在麥卡弗雷院長剛才講過的故事中，故事裡的鄉下人說：「要知道我會死在哪裡就好啦，我將永遠不去那個地方。」

這鄉下人說的話雖然聽起來很荒唐，卻蘊含著一個深刻的道理。對於複雜的適應系統以及人類的大腦而言，如果採用逆向思考，問題往往會變得更容易解決。如果你們把問題反過來思考，通常就能夠想得更加清楚。

例如，如果你們想要幫助印度，應該考慮的問題不是「我要怎樣才能幫助印度？」與之相反，你們應該問：「我要怎樣才能損害到印度？」你們應該找到能對印度造成最大損害的事情，然後避免去做它。

也許從邏輯上來看兩種方法是一樣的，但那些精通代數的人知道，如果問題很難解決，利用反向證明往往就能迎刃而解。生活的情況跟代數一樣，逆向思考能夠幫助你們解決正面思考無法處理的問題。

讓我現在就來使用一點「逆向思考」。什麼會讓我們在生活中失敗呢？我們應該避免什麼呢？有些答案很簡單，例如，懶惰和言而無信會讓我們在生活中失敗。如果你們言而無信，就算有再多的優點，也無法避免悲慘的下場。所以你們應該養成言出必行的習慣，懶惰和言而無信是顯然要避免的。

芒格在2020年Daily journal年會說：你的思想會欺騙你，最好採取預防措施，對自己的觀點要提高警惕。

3．擺脫自私、偏見、嫉妒、怨憎和自憐

有一種叫做「自我服務偏好」的心理因素也經常導致人們做傻事，它往往是潛意識的，所有人都難免受其影響。你們認為「自我」有資格去做它想做的事情，例如，透支收入來滿足它的需求，那有什麼不好呢？

從前有一個人，他是全世界最著名的作曲家，可是他大部分時間過得非常悲慘，原因之一就是他總是透支他的收入。那位作曲家叫做莫扎特。連莫扎特都無法擺脫這種愚蠢行為的毒害，我覺得你們更不應該去嘗試它。

總而言之，嫉妒、怨憎、仇恨和自憐都是災難性的思想狀態。過度自憐可以讓人近乎偏執，偏執是最難逆轉的東西之一，你們不要陷入自憐的情緒中。

我有個朋友，他隨身攜帶一疊厚厚的卡片，每當有人說了自憐的話，他就會慢慢地、誇張地掏出那一疊卡片，將最上面那張交給說話的人。卡片上寫著：「你的故事讓我很感動，我從來沒有聽過有人像你這麼倒楣！」

每當你們發現自己產生了自憐的情緒，不管是什麼原因，哪怕由於自己的孩子患上癌症即將死去。你們也要想到，自憐是於事無補的。這樣的時候，你們要送給自己一張我朋友的卡片。自憐總是會產生負面影響，它是一種錯誤的思維方式。如果你們能夠避開它，你們的優勢就遠遠大於其他人。

你們當然也要在自己的思維習慣中「消除自我服務偏好」，別以為對你們有利的就是對整個社會有利的，也別根據這種自我中心的潛意識傾向來為你們愚蠢或邪惡的行為辯解，那是一種可怕的思考方式。你們要讓自己擺脫這種心理，因為你們想成為智者而不是傻瓜，想做好人而不是壞蛋。

一、你要說服別人，要訴諸利益，而不是理性

你們必須在自己的認知行動中，允許別人擁有自我服務的偏好。因為大多數人無法非常成功地清除這種心理，人性就是這樣。如果你們不能容忍別人在行動中表現出自我服務的偏好，那麼你們又是傻瓜。

所羅門兄弟公司的法律總顧問曾經做過《哈佛法學評論》的學生編輯，是個聰明而高尚的人，但我卻親眼看到他毀掉了自己的前途。當時那位能幹的CEO說有位下屬做錯了事，總顧問說：「我們在法律上沒有責任匯報這件事，但我認為那是我們應該做的，那是我們的道德責任。」

從法律和道德上來講，總顧問是正確的，但他的方法卻是錯誤的。他建議日理萬機的CEO去做一件令人不愉快的事情，而CEO總是把這件事往後一推再推，因為他很忙，這完全可以理解，他並不是故意要犯錯。

遇到這種情況，正確的說服技巧是班傑明・富蘭克林指出的那種。他說：「如果你想要說服別人，要訴諸利益，而非訴諸理性。」總顧問應該說：「如果這種情況再持續下去，會毀掉你的，會讓你身敗名裂，家破人亡。我的建議能夠讓你免於陷入萬劫不復之地。」這種方法會生效的。

你們應該多多訴諸利益，而不是理性，即使當你們的動機很高尚的時候。

二、避免變態的激勵機制，與仰慕的人一起工作

應該避免的事是受到變態的激勵機制的驅動。你們不要處在一個你們表現得越愚蠢或者越糟糕，它就提供越多回報的變態激勵系統之中，變態的激勵機制具有控制人類行為的強大力量，人們應該避免受它影響。

你們將來會發現，有些律師事務所規定的工作時間特別長，至少有幾家現代律師事務所是這樣的。如果每年要工作2400個小時，我就沒法活了，那會給我帶來許多問題，我不會接受這種條件。我沒有辦法對付你們中的某些人將會面對的這種局面，你們將不得不自行摸索如何處理這些重要的問題。

變態的工作關係也是應該避免的，你們要特別避免在你們不崇敬或者不想像他一樣的人手下幹活，那是很危險的。所有人在某種程度上都受到權威人物的控制，尤其是那些為我們提供回報的權威人物。

要正確地應對這種危險，必須同時擁有才華和決心。在我年輕的時候，我的辦法是找出我尊敬的人，然後想辦法調到他手下去，但是別批評任何人，這樣我通常能夠在好領導手下工作。許多律師事務所是允許這麼做的，只要你們足夠聰明，能做得很得體。

總之，如果你能在你們正確地仰慕的人手下工作，在生活中取得的成就將會更加令人滿意。

三、保持客觀習慣，核對檢查清單

養成一些讓你能保持客觀公正的習慣。我們都記得達爾文特別留意相反的證據，尤其是他證偽的是某種他信奉和熱愛的理論時。如果你們想要在思考的時候儘量少犯錯誤，就需要這樣的習慣。

人們還需要養成核對檢查清單的習慣，核對檢查清單能避免很多錯誤，不僅僅對飛行員來說是如此。你們不應該光是掌握廣泛的基礎知識，而是應該把它們在頭腦中列成一張清單，然後再加以使用。沒有其他方法能取得相同的效果。

四、生活充滿競爭，去成為最有能力和最願意學習的人

另外一個我認為很重要的道理就是，將不平等最大化通常能夠收到奇效。這句話是什麼意思呢？約翰・伍登提供了一個示範性的例子。伍登曾經是世界上最優秀

的籃球教練。他對五個水準較低的球員說：「你們不會得到上場的時間，你們是陪練。」

比賽幾乎都是那七個水準較高的球員在打的。這七個水準高的球員學到了更多，別忘了學習機器的重要性——因為他們獨享了所有的比賽時間。在他採用非平等主義的方法時，伍登比從前贏得了更多的比賽。

我認為生活就像比賽也充滿了競爭，我們要讓那些最有能力和最願意成為學習機器的人發揮最大的作用。如果你們想要獲得非常高的成就，你們就必須成為那樣的人。你們總不希望在50個輪流做手術的醫生中，以抽籤方式抽一個來給你們的孩子做腦外科手術。

你們也不希望你們的飛機是以一種太過平等主義的方式設計出來的。你們也不希望你們的伯克希爾——哈撒韋採用這樣的管理方式。你們想要讓最好的球員打很長時間的比賽。

4・要擁有真正的實力，而不是鸚鵡學舌

我經常講一個有關馬克斯・普朗克（一九一八年諾貝爾物理獎得主）的笑話：

普朗克獲得諾貝爾獎之後，到德國各地作演講，每次講的內容大同小異，都是關於新的量子物理理論的，時間一久，他的司機記住了講座的內容。司機說：「普朗克教授，我們老這樣也挺無聊的，不如這樣吧，到慕尼克讓我來講，你戴著我的司機帽子坐在前排，你說呢？」

普朗克說：「好啊！」於是司機走上講臺，就量子物理發表了一通長篇大論。後來有個物理學教授站起來，提了一個非常難的問題。演講的司機說：「哇，我真沒想到，我會在慕尼克這麼先進的城市，遇到這麼簡單的問題。那麼，我想請我的司機來回答。」

一、不要擁有偽裝成真實的知識

講這個故事，並不是為了表揚主角很機敏。我認為這個世界的知識可以分為兩種：一種是普朗克知識，它屬於那種真正懂的人。他們付出了努力，他們擁有那種能力。另外一種是司機知識。他們掌握了鸚鵡學舌的技巧；他們可能有漂亮的頭髮；他們的聲音通常很動聽；他們給人留下深刻的印象。

但其實他們擁有的是偽裝成真實知識的司機知識。我想到剛才實際上描繪了美國所有的政客。如果你們在生活中想努力成為擁有普朗克知識的人，而避免成為擁有司機知識的人，你們將遇到這個問題。到時會有許多巨大的勢力與你們作對。

從某種程度上來講，我這代人辜負了你們，我們給你們留了個爛攤子，現在加利福尼亞州的立法機構裡面大多數議員是左派的傻瓜和右派的傻瓜，這樣的人越來越多，而且他們沒有一個人是可以被請走的。這就是我這代人為你們做的事情。但是，你們不會喜歡太過簡單的任務，對吧？

二、做你們最感興趣的事，然後努力跟上它

如果你們真的想要在某個領域做得很出色，那麼你們必須對它有強烈的興趣。我可以強迫自己把許多事情做得相當好，但我無法將我沒有強烈興趣的事情做得非常出色。從某種程度上來講，你們也跟我差不多。所以如果有機會的話，你們要想辦法去做那些你們有強烈興趣的事情。

還有就是，你們一定要非常勤奮才行。我非常喜歡勤奮的人。我這輩子遇到的合夥人都極其勤奮。我想我之所以能夠和他們合夥，部分原因在於我努力做到配得起他們，部分原因在於我很精明地選擇了他們，還有部分原因是我運氣好。

我早期的生意上曾經有過兩位合夥人，他們倆在大蕭條期間合資成立了一家建築設計施工公司，達成了很簡單的協議：「如果我們沒有完成對客戶的承諾，我們倆要每天工作14個小時，每星期工作7天，直到完成為止。」不用說你們也知道啦，這家公司做得很成功。我那兩位合夥人廣受尊敬。他們這種簡單的老派觀念幾乎肯定能夠提供一個很好的結果。

三、讓打擊和各種麻煩，成為成長的契機

你們在生活中可能會遭到沉重的打擊，不公平的打擊。有些人能挺過去，有些人不能。我認為愛比克泰德（古羅馬新斯多葛派哲學家）的態度能夠引導人們作出正確的反應。他認為生活中的每一次不幸，無論多麼倒楣，都是一個鍛鍊的機會。他認為每一次不幸都是吸取教訓的良機。

人們不應該在自憐中沉淪，而是應該利用每次打擊來提高自我。他的觀點是非常正確的，影響了最優秀的羅馬帝國皇帝馬可・奧理略，以及隨後許多個世紀裡許許多多其他的人。

我還有個道理想簡單地說說。我的爺爺芒格曾是他所在城市惟一的聯邦法官。我很崇拜他。他的價值觀之一是，節儉是責任的僕人。芒格爺爺擔任聯邦法官的時候，聯邦法官的遺孀是得不到撫恤金的。所以如果他賺了錢不存起來，我奶奶將會變成一個淒涼的寡婦。除此之外，家有餘資也能讓他更好地服務別人。由於他是這樣的人，所以他終生量入為出，給他的遺孀留下了一個舒適的生活環境。

你們很可能會說：「誰會在生活中整天期待麻煩的到來啊？」其實我就是這樣的。在這漫長的一生中，我一直都在期待麻煩的到來。現在（二〇〇七年）我已經84歲啦。就像愛比克泰德，我也擁有一種蒙受恩寵的生活。我總是期待麻煩的到來，準備好麻煩來臨時如何對付它，這並沒有讓我感到不快樂。這根本對我沒有任何害處，實際上，這對我有很大的幫助。

四、文明的最高境界，是利益各方之間無縫的信任之網

由於在你們將要從事的行業中有大量的程式和繁文縟節，最後一個我想要告訴你們的道理是，複雜的官僚程式不是文明社會的最好制度。最好的制度是一張無縫的、非官僚的信任之網。沒有太多稀奇古怪的程式。只有一群可靠的人，他們彼此之間有正確的信任。那是瑪約醫療中心手術室的運作方式。如果那裡的醫生像律師那樣，設立許多像法律程式那麼繁瑣的規矩，更多的病人會死於非命。

所以當你們成為律師的時候，永遠別忘記，雖然你們在工作中要遵守程式，但

你不用總是被程式牽著鼻子走。

你們在生活中應該追求的是儘可能地培養一張無縫的信任之網。如果你們擬定的婚姻協議書長達47頁，那麼我建議你們這婚還是不結為妙。

好啦，在畢業典禮上（南加州大學）講這麼多已經夠啦。我希望這些老人的廢話對你們來說是有用的。

最後，我想用約翰・班揚的名作《天路歷程》中那位真理劍客年老之後唯一可能說出的話，來結束這次演講：「我的劍留給能揮舞它的人。」

第五章

培養跨學科思維的能力

我與巴菲特工作這麼多年，他這個人的優點之一：是他總是自覺地從決策樹的角度思考問題，並從數學的排列與組合的角度思考問題。

——查理·芒格

「股神」巴菲特說，是芒格促使他完成了從人猿到人類的進化。那麼芒格究竟有什麼了不起的本事？

有句諺語說：「對於一個只有一把錘子的人來說，任何問題看起來都很像釘子。」在一般人的職業生涯中，「帶錘子的人」式的單一傾向思維經常會導致可怕的後果。

糾正「帶錘子的人」式的傾向有一個顯而易見的對策：如果一個人擁有多種學科技能，也就是說，帶上了多種工具，將會減少由於這種「錘子」傾向帶來的不良認知。此外，當他學到了足夠的多元化知識，在通往生活智慧的道路上，他就跨出了建設性的一步。

培養跨學科思維，可以從飛行員培訓中借鑒良多。

同其他職業一樣，飛行駕駛中要面臨「錘子效應」帶來的負面影響。我們不希望任何一個飛行員在面對「Y」危險的時候做出的反應就好像遇到的是「X」危險，僅僅因為他的腦袋裡只有一種面對「X」危險的模式。考慮到種種原因，我們用一種嚴格的六要點系統來培訓飛行員：

（一）飛行員所接受的正規教育的廣度足以覆蓋幾乎所有對飛行有用的事情。

（二）所接受的必要專業教育不僅能讓他順利通過一兩項測試，而且提高到了能在實踐中熟練操作的地步，甚至能同時處理兩三個互相交織的危險狀況。

（三）和任何優秀的數學家一樣，他必須學會有時正向思考，有時逆向思考；這樣他就能學會何時把注意力放在希望發生的那些事上，何時放在要避免發生的那些事上。

（四）訓練內容應根據不同的學科進行合理分配，最終追求的目標是一旦未來實際操作中出錯，所造成的損失可以達到最小化。針對實際操作中最重要的內容，進行強化訓練，達到爐火純青的地步。

（五）強制養成他檢查「清單」的習慣。

（六）即便接受了最初的教育，也必須養成複習知識的習慣——經常使用飛行模擬器，防止應對罕見和重要問題的知識由於長期不用而產生退化。

培養跨學科思維很難，但並非難以實現。

我們認為，不能苛求每個人對天體力學的掌握達到與拉普拉斯並駕齊驅的地步，也不必苛求大家在其他知識領域也達到如此精湛的水準。相反，每門學科真正重要的概念並不多，只需要大體瞭解，就能掌握精髓。而且這些概念既不是無窮的，相互之間的影響也不複雜。

另外，逆向思考和使用清單很容易學習——在飛行員中是如此，在日常生活中同樣如此。

實踐操練，用橫跨幾個學科的知識和方法來解決問題，是很好的學習辦法。

幾十年前，一位哈佛教授給出了一道測驗題，是說有兩名不諳世事的老婦人，她們剛剛繼承了一家位於新英格蘭、專門生產品牌鞋的鞋廠，但鞋廠正受到一些嚴重的商業問題的困擾，教授具體說明了她們碰到的難題，然後讓學生們在充分的時間內為老太太們思考對策並寫下來。

對於同學們的答案，教授給出的分數都很低，只有第一名同學的分數遙遙領先。這個獲勝的答案是什麼呢？非常簡短，大體如下：

> 在它所處的特殊地理位置上，這一業務範圍以及這一特殊的行業（即製鞋），所代表的是許多非常難解決的問題，這兩名不諳世事的老太太根本不可能在不請別人幫忙的情況下化解這些難題。考慮到其中的難度和無法避免的代理成本，她們應該及時出售這家鞋廠，或許該賣給一家擁有最高邊際收益優勢的競爭對手。

這個獨樹一幟的答案不是僅僅基於商學知識，而是建立在更為基礎的概念上，比如代理成本和邊際收益分別是從心理學和經濟學中借鑒過來的。

在磨練自己跨學科思維的時候，應該利用一流商業期刊，如《華爾街日報》《富比士》《財富》等。這些期刊的內容精彩，還能充當飛行模擬器的作用，在涉

及多學科問題，特別是錯綜複雜的問題時，將會增強實踐的能力。有時候，這些期刊還會出於種種原因為大家介紹新的模型，而不僅僅是炒冷飯。

我認識的一些具有優秀判斷力的商界人士中，沒有任何一個不利用這些期刊來實現對知識系統的維護。

最後，提醒大家，在商業、科學以及其他領域有一個屢創奇跡的兩步走法則：

（一）首先採納簡單的基本觀點；

（二）其次認真對待這個觀點。

為了證明用認真嚴肅的態度對待基本概念到底有多高的價值，我為大家提供自己的親身經歷作為例證：

「我到哈佛前受過的教育少得可憐，工作習慣散漫，也沒有學位。由於家裡好朋友羅斯科・龐德的介入，我才得以在院長反對的情況下被錄取。」

時至今日，我從來都沒有在任何地方上過化學、經濟、心理學或者商業課程。不過我最早上過物理和數學方面的基礎課，對這兩門課給予了足夠的重視，因此吸收消化了自然科學中的基本精神。

後來，我在越來越偏向人文方面的學習過程中，不斷強化這種自然科學精神，構建了自己的知識組織指南和歸檔系統，這樣不管要搜尋什麼跨學科的智慧，都很容易找到。

因此，我的生活成了某種緣於巧合的教育實驗，研究的內容是如果一個人只懂得一些基本精神的皮毛並對此加以利用，是否有可能學會他自己本身的領域必須學會的各類知識？

我無數次用非正規的方式來完成自己所受到的不全面教育，在這個過程中只是採用基本的科學精神作為輔助手段，結果，對於自己所鍾愛的任何事，我都能取得超出自己原本能力範圍之外的成就。巨大的收穫接踵而來，這在剛開始的時候完全不可想像。比如我原本沒打算學心理學，後來進行了一些研究，結果掌握心理學為我創造了巨大的優勢。

我向大家介紹的跨學科學習和思考，是一個快樂的精神王國，一旦涉足其中，就會流連忘返。

芒格說，你要想變得聰明一點，就必須不斷地問為什麼、為什麼、為什麼。

芒格還是一個喜歡傳記的人。他認為，要掌握一些行之有效的偉大觀念時，最好和偉人的生平和個性結合起來。「和思路正確的離世偉人交朋友」聽起來滑稽，但是如果一生都這樣做，絕對大有裨益。

芒格研究過愛因斯坦、達爾文和牛頓的生平和科學著作，不過他最喜歡的離世偉人從來都是富蘭克林。芒格欣賞富蘭克林是當時美國最好的作家、投資家、科學家、外交家、商人，同時為教育和社會福利事業做出了巨大的貢獻。

芒格正是從富蘭克林那裡形成了一種觀念：要變得富有才能自由地為人類社會做貢獻。「我從來都對成為一個有用的人興趣更大，而不是單純地變得有錢」。

他還認為經營者也必需要懂得跨學科思維。芒格認為，只有單一學科思維的人，就像只有一把錘子的人。

而就像那句著名的諺語說的那樣，「對只有一把錘子的人來說，任何問題看起來都很像釘子。」單一學科思維的人具有很大局限性。而要形成跨學科思維，芒格的建議是，不能苛求每個人對天體力學的掌握達到與拉普拉斯並駕齊驅的地步，也不應苛求普通人在其他知識領域也達到如此精湛的水準。

相反，每門學科真正重要的概念並不多，只需要大體瞭解，就能掌握精髓。而只要掌握學科中最基本的原理和概念，然後不斷運用，練習用多種學科思維來解決實際問題，最終就能讓自己形成優勢。

他用自己舉例說明：從來沒正經學過心理學，但對心理學有興趣，進行了一些自學，憑藉自學的內容，就在投資和生活中獲得了巨大優勢；作為法學院的學生，專業學習離自然科學很遠，但因為認真學過數學課和物理課，掌握了自然科學的一些思考方法，就獲得了整體的思維優勢。

他說：「我從物理學家那裡學會了通過尋找最簡單、最直接的答案來解決問題。最容易的方法永遠都是最好的方法。我又從數學家那裡學會了將問題倒過來看，或者從反面去看，反轉，再反轉。」

投資遊戲說到底就是要比其他人對未來做出更準確的預言。要如何做到呢？一種方法是將這種競爭在有限的幾個區域中進行。

如果你試圖預言所有事情的未來，你會因為缺乏專長而失敗。如果你想變得聰明，你就必須不停地問為什麼？為什麼？為什麼？

同時你還必須將答案和有條理的深層理論聯繫起來。你必須知道那些最主要的理論。

這稍微會有些費力，但充滿樂趣。你們在生活中可能會遭到沉重的打擊，不公平的打擊。有些人能挺過去，有些人不能。人們不應該在自憐中沉淪，而是應該利用每次打擊來提高自己的資質。

第六章

人生有痛苦的藥方嗎？

——一九八六年六月於哈佛大學畢業典禮的演講

在我聽過的20次哈佛學校的畢業演講中，哪次曾讓我希望它再長些呢？這樣的演講只有強尼・卡森（美國〈今夜〉脫口秀主持人）的那一次，他詳述了保證痛苦人生的卡森藥方。

所以呢，我決定重複卡森的演講，但以更大的規模，並加上我自己的藥方。畢竟，我比卡森演講時歲數更大，同一個年輕的有魅力的幽默家相比，我失敗的次數更多，痛苦更多，痛苦的方式也更多。我顯然很有資格進一步發揮卡森的主題。

那時卡森說他無法告訴畢業的同學如何才能得到幸福，但能夠根據個人經驗，告訴他們如何保證自己過上痛苦的生活。

卡森給的確保痛苦生活的處方包括：

一、為了改變心情或者感覺而使用化學物質；

二、妒忌；

三、怨恨。

我現在還能想起來當時卡森用言之鑿鑿的口氣說，他一次又一次地嘗試了這些東西，結果每次都變得很痛苦。

要理解卡森為痛苦生活所開處方的第一味藥物（使用化學物質）比較容易。我想補充幾句。

我年輕時最好的朋友有四個，他們非常聰明、正直和幽默，自身條件和家庭背景都很出色。其中兩個早已去世，酒精是讓他們早逝的一個因素；第三個人現在還醉生夢死地活著——假如那也算活著的話。

雖然易感性因人而異，我們任何人都有可能通過一個開始時難以察覺直到墮落之力強大到無法衝破的細微過程而染上惡癮。

不過呢，我活了60年，倒是沒有見過有誰的生活因為害怕和避開這條誘惑性的毀滅之路而變得更加糟糕。

妒忌，和令人上癮的化學物質一樣，自然也能獲得導致痛苦生活的大獎。早在遭到摩西戒律的譴責之前，它就已造成了許多大災難。

如果你們希望保持妒忌對痛苦生活的影響，我建議你們千萬別去閱讀山繆・約翰遜博士（Samuel Johnson，一七〇九～一七八四，英國作家，文學研究者和批評家）的任何傳記，因為這位虔誠基督徒的生活以令人嚮往的方式展示了超越妒忌的

可能性和好處。

就像卡森感受到的那樣，怨恨對我來說也很靈驗。如果你們渴望過上痛苦的生活，我找不到比它更靈的藥方可以推薦給你們了。

約翰遜博士說得好，他說——生活本已艱辛得難以下嚥，何必再將它塞進怨恨的苦澀果皮裡呢！

對於你們之中那些想得到痛苦生活的人，我還要建議你們別去實踐狄斯雷利的權宜之計，它是專為那些無法徹底戒掉怨恨老習慣的人所設計的。

在成為偉大的英國首相的過程中，迪斯雷利（一八〇四～一八八一）學會了不讓復仇成為行動的動機，但他也保留了某種發洩怨恨的辦法，就是將那些敵人的名字寫下來，放到抽屜裡。然後時不時會翻看這些名字，自得其樂地記錄下世界是怎樣無須他插手就使他的敵人垮掉的。

好啦，卡森開的處方就說到這裡。

接下來，是芒格另開的四味藥——

第一——要反覆無常，不要虔誠地做你正在做的事。

只要養成這個習慣，你們就能夠綽綽有餘地抵消你們所有優點共同產生的效應，不管那種效應有多麼巨大。

如果你們喜歡不受信任並被排除在對人類貢獻最傑出的人群之外，那麼這味藥物最適合你們。

養成這個習慣，你們將會永遠扮演寓言裡那隻兔子的角色，只不過跑得比你們快的不再只是一隻優秀的烏龜，而是一群又一群平庸的烏龜，甚至還有些拄拐杖的平庸烏龜。

我必須警告你們，如果不服用我開出的第一味藥，即使你們最初的條件並不好，你們也可能會難以過上痛苦的日子。

我有個大學的室友，他以前患有嚴重的閱讀障礙症，現在也是。但他算得上我認識的人中最可靠的。他的生活到目前為止很美滿，擁有出色的太太和子女，掌管著某個數十億美元的企業。

如果你們想要避免這種傳統的、主流文化的、富有成就的生活，卻又堅持不懈地做到為人可靠，那麼就算有其他再多的缺點，你們這個願望恐怕也會落空。

說到「到目前為止很美滿」這樣一種生活，我忍不住想在這裡引用克洛伊斯的話來再次強調人類生存狀況那種「到目前為止」的那一面。

克洛伊斯曾經是世界上最富裕的國王，後來淪為敵人的階下囚，就在被活活燒死之前，他說：「哎呀，我現在才想起歷史學家梭倫說過的那句話，『在生命沒有結束之前，沒有人的一生能夠被稱為是幸福的。』」

第二——盡可能從你們自身的經驗獲得知識，儘量別從其他人成功或失敗的經驗中廣泛地吸取教訓，不管他們是古人還是今人。

這味藥肯定能保證你們過上痛苦的生活，取得二流的成就。

只要看看身邊發生的事情，你們就能明白拒不借鑒別人的教訓所造成的後果。人類常見的災難全都毫無創意——酒後駕車導致的身亡，魯莽駕駛引起的殘疾，無藥可治的性病，加入毀形滅性的邪教的那些聰明的大學生被洗腦後變成的行屍走肉，由於重蹈前人顯而易見的覆轍而導致的生意失敗，還有各種形式的集體瘋狂等等。

你們若要尋找那條通往因為不小心、沒有創意的錯誤而引起真正的人生麻煩的道路，我建議你們牢牢記住這句現代諺語：「人生就像懸掛式滑翔，起步沒有成功就完蛋啦！」

避免廣泛吸取知識的另一種做法是，別去鑽研那些前輩的最好成果。這味藥的功效在於讓你們得到盡可能少的教育。

如果我再講一個簡短的歷史故事，或許你們可以看得更清楚，從而更有效地過上與幸福無緣的生活。

從前有個人，他勤奮地掌握了前人最優秀的成果，儘管開始研究分析幾何的時候他的基礎並不好，學得非常吃力。最終，他本人取得的成就引起了眾人的矚目，他是這樣評價他自己的成果的——

「如果說我比其他人看得更遠，那是因為我站在巨人的肩膀上。」

這人的骨灰如今埋在威斯敏斯特大教堂裡，他的墓碑上有句異乎尋常的墓誌銘：「這裡安葬著永垂不朽的以撒·牛頓爵士。」

第三——當你們在人生的戰場上遭遇第一、第二或者第三次嚴重的失敗時，就請意志消沉，從此一蹶不振吧。

因為即使是最幸運、最聰明的人，也會遇到許許多多的失敗，這味藥必定能保證你們永遠地陷身在痛苦的泥沼裡。

請你們千萬要忽略愛比克泰德（古羅馬新斯多葛派哲學家）親自撰寫的、恰如其分的墓誌銘中蘊含的教訓哲理：「此處埋著愛比克泰德，一個奴隸，身體殘疾，極其窮困，蒙受諸神的恩寵。」

第四——為了讓你們過上頭腦混亂、痛苦不堪的日子，我所開的最後一味藥是，請忽略小時候人們告訴我的那個鄉下人故事。曾經有個鄉下人說：「要是知道我會死在哪裡就好啦，那我將永遠不去那個地方。」

大多數人和你們一樣，嘲笑這個鄉下人的無知，忽略他那樸素的智慧。如果我的經驗有什麼借鑒意義的話，那些熱愛痛苦生活的人應該不惜任何代價避免應用這個鄉下人的方法。

若想獲得失敗，你們應該將這種鄉下人的方法，也就是卡森在演講中所用的方法，貶低得愚蠢之極、毫無用處。

卡森採用的研究方法是把問題反過來想。就是說要解出X，得先研究如何才能得到非X。

偉大的代數學家雅各比（一八〇四～一八五一）用的也是卡森這種辦法，眾所周知，他經常重複一句話：「反過來想，總是反過來想。」雅各比知道事物的本質是這樣的，許多難題只有在逆向思考的時候才能得到最好的解決。

例如，當年幾乎所有人都在試圖修正麥克斯韋的電磁定律，以便它能夠符合牛頓的三大運動定律，然而愛因斯坦卻轉了個一百八十度大彎，修正了牛頓的定律，讓其符合麥克斯韋的定律，結果他發現了相對論。

作為一個公認的傳記愛好者，我認為假如查理斯・羅伯特・達爾文是哈佛學校一九八六屆畢業班的學生，他的成績大概只能排到中等。

然而，現在他是科學史上的大名人。如果你們希望將來碌碌無為，那麼千萬不能以達爾文為榜樣。

達爾文能夠取得這樣的成就，主要是因為他的工作方式。這種方式有悖於所有我列出的痛苦法則，而且還特別強調逆向思考：

他總是致力於尋求證據來否定他已有的理論，無論他對這種理論有多麼珍惜，無論這種理論是多麼得之不易。

與之相反，大多數人早年取得成就，然後就越來越拒絕新的、證偽性的資訊，目的是讓他們最初的結論能夠保持完整。

他們變成了菲力浦・威利所評論的那類人：「他們固步自封，滿足於已有的知識，永遠不會去瞭解新的事物。」

達爾文的生平展示了烏龜如何可以在極端客觀態度的幫助下跑到兔子前面去。這種態度能夠幫助客觀的人最後變成「蒙眼拼驢尾」遊戲中惟一那個沒有被遮住眼睛的玩家。

如果你們認為客觀態度無足輕重，那麼你們不但忽略了來自達爾文的訓誨，也忽略了來自愛因斯坦的教導。

愛因斯坦說他那些成功的理論來自「好奇、專注、毅力和自省」。他所說的自省，就是不停地試驗與推翻他自己深愛的想法。

最後，盡可能地減少客觀性，這樣會幫助你減少獲得世俗好處所需作出的讓步以及所要承受的負擔，因為客觀態度並不只對偉大的物理學家和生物學家有效。它也能夠幫助伯米吉地區的管道維修工更好地工作。

因此，如果你們認為忠實於自己就是永遠不改變你們年輕時的所有觀念，那麼你們不僅將會穩步地踏上通往極端無知的道路，而且還將走向事業中不愉快的經歷給你帶來的所有痛苦。

這次類似於說反話的演講應該以類似於說反話的祝福來結束。這句祝語的靈感來自伊萊休・魯特（一九一二年諾貝爾和平獎得主）引用過的那首講小狗去多佛的兒歌：「一步又一步，才能到多佛。」

我要祝福一九八六屆畢業班的同學：

在座各位，願你們在漫長的人生中，日日以避免失敗為目標而成長。

第七章

以通用的觀念，來解決複雜的問題

I・查理・芒格的逆向思維

大家都知道，查理・芒格是一個相當睿智的老人。而他最大的魅力之處在於，對逆向思維的應用。

有一年，他在對一群年輕學生演講時——他說：「如果上帝讓我問一個問題，我會問，將來我會死在哪裡？知道後，我永遠都不會去那個地方。」結果，台下笑成一片……

這就是逆向思維的典型代表——向上帝問一個問題！

另外，去年大陸網上曾流傳過一個「故事」，故事是真是假不知道，但是可以作為結果倒推法的案例。

一次，有一輛空油罐車被某地交通警察攔下。被告知說是超載，將車子拖到了交通大隊後，還讓車主交罰款。

車主說，我這是空車啊，可交警根本不理他，直接開單就給拖走了。

後來車主到警局裡交了一萬多罰款，連帶幾百塊停車費和兩千塊拖吊費用。然後交警說，可以把車開走了。

可是，車主卻不走了，他要交警賠他一車油。

交警當然不幹了。

於是，車主把交警大隊告上了法庭。

結果官司還打贏了。

以一車的油價計算，交警大隊必須賠償他一百二十萬油錢（折合台幣約五百三十萬元）。

法庭上車主出示的主要證據，就是交警開出的那張「超載」罰單、罰款收據，以及現場取車時的照片。

車主說：罰單寫的很清楚，我是因為「超載」而被扣車的，為什麼我取車的時候油沒了？我的一車油哪去了？

這個案例中，超載罰款是個結果。

雖然這個結果是個錯誤的結果，但是車主把它當成一個「正確」的結果，然後

倒推出「油不見了」的結論。

在人證（車主）物證（罰單、照片）之下，交通大隊也只能啞口無言，既然無法再裝孬了，只好——好漢做事好漢當；打落牙齒和血吞了。

查理・芒格的最佳武器——以五個平常通用的觀念，來解決複雜的問題。只能你能吸收消化了幾條超級簡單的通用觀念，並且發現這些觀念對解決問題很有幫助。

第一個——有用的觀念就是，通常簡化問題最好的方法，就是先把一些無須費神就能做出判斷的大事情決定下來。

第二個——則模仿了伽利略的結論，即科學事實通常只有通過數學方式才能揭示，數學就彷彿是上帝的語言。伽利略的理論在亂糟糟的實際生活中也很管用。在大多數人生活的世界中，如果沒有流暢的數學思維，就好像用一隻腳在參加一場馬拉松的比賽，註定無法贏得勝利。

第三個——觀念是僅僅會用正向方式來思考問題是遠遠不夠的，你還必須學會逆向思維。確實，很多問題不能通過正向思考的方式來解決。這就是為什麼偉大的代數學家卡爾・雅可比會翻來覆去地說：「逆向，始終要逆向思考。」畢達哥拉斯也正是通過逆向思維證明了「2平方根是一個無理數」。

第四個——有用的觀念是最好、最實用的智慧就存在於基本知識中。不過有一個極其重要的限定性條件：你必須用跨學科的方式來進行思考。你要習以為常地使用在每一門基礎學科的一年級課程中會學到的那些簡單易學的道理。當你掌握了這些基本的概念，你想要解決的問題就不會受到制約，大學以及許多商業性機構由於劃分成涇渭分明的不同學科和不同部門而有其局限性，它們強烈反對在所圈定的區域之外冒險。取而代之的是，你必須進行跨學科的思考，就像班傑明・富蘭克林在《窮理查年鑒》中所給出的建議：「如果你希望完成一件事，那就行動。如果不想，就邁步走。」

第五個——有用的觀念是真正偉大的、非常出色的成果通常只可能是很多因素綜合作用下的結果。比如，結核病有藥可治，至少也已經有一段時間了，藥方正是將三種不同的藥物按比例混合而成。而另一個非常出色的成果，比如說飛機能夠起飛，也遵循了相同的模式。

2·一八八四年可口可樂的經營新寓言

現在，這裡有一個問題，這個問題是——

一八八四年，在亞特蘭大，你和其他20個與你相仿的人一起被帶到一位富有而又古怪的亞特蘭大公民面前，他叫格洛茨。你與格洛茨有兩處相像的地方：第一，你們一般都會借助那五個很有用的普遍性原理來解決問題；第二，你們都通曉大學所有基礎課程裡所講授的基本概念，也就是一九九六年大學裡教的那些。

不過，所有的發明家以及所有用來證明這些基本概念的例證都是一八八四年之前就已經有的。你和格洛茨對一八八四年之後發生的事情都一無所知。

格洛茨願意投資200萬美元（以一八八四年時的貨幣價值計算）成立一個新公司，進軍非酒精飲料業，並且永遠在這個行業經營，他拿出其中一半的淨資產來建立一個格洛茨慈善基金會。格洛茨想為這種飲料起一個在某種程度上吸引他的商品名字：可口可樂。

這家新公司的另一半淨資產將會給這樣一個人，這個人能十分成功地向格洛茨證明，他的商業策劃將使格洛茨基金會在二〇三四年升值為10,000億美元，即便公司每年都要拿出很大一部分收益用來分紅。而即使扣除支付出去的數億美元的分紅，這家新成立的公司整體價值也將達到20,000億美元。

請問如果你有15分鐘的時間進行提案，你會對格洛茨說些什麼呢？

以下就是我的解決辦法，我提給格洛茨的方案只採用那些有用的普遍性原理，以及每個聰明的大學二年級學生都應該知道的一些概念。

格洛茨，要使我們的問題簡單化，首先要做的就是「不用動腦筋」的決策，決策的步驟如下：第一，我們永遠都別指望只通過銷售一些普通的飲料來賺取20,000億美元，所以，我們必須打響「可口可樂」品牌，使其成為一個強有力的、受法律保護的商標。第二，我們可以首先打開亞特蘭大市場，然後成功佔領美國其他地區的市場，最後在全球範圍內迅速推廣我們的新飲料，這樣就能賺取20,000億美元。這就需要開發一款產品，由於利用了強大的自然力量，能引起全世界的共鳴。能找

到這種強大的自然力量的地方恰恰就是大學基礎課程的主旨所在。

接下來，我們將通過數字的計算來確定我們的目標到底意味著什麼。我們可以理性地猜想到一百五十年後的二〇三四年的時候，全世界將有約80億的飲料消費者。平均起來，這些消費者按實值計算將比一八八四年的消費者富裕得多。每位消費者的身體主要是由水分組成的，每天必須攝入大量的水分來補充人體所需，而這恰恰相當於8罐飲料。

這樣看來，如果我們的新飲料以及我們開發出的新市場中其他一些模仿我們的飲料能佔據或拓展世界飲料行業四分之一的市場，我們就可以佔據整個新市場的一半份額，那麼到了二〇三四年，我們就能售出29,200億罐飲料。如果每罐飲料可以淨賺4美分，我們就可以賺到約1,170億美元。這就足夠了，如果我們的公司可以保持良好的增長率，那麼在二〇三四年價值20,000億美元將輕而易舉。

一個關鍵的問題就在於，到了二〇三四年，每罐飲料淨賺4美分的盈利目標是否合理？如果我們能創造出一種可以引起全世界共鳴的飲料，那麼答案就是肯定的。一百五十年是一個漫長的過程，美元，就像羅馬的德拉克馬（希臘的貨幣單位）一樣，肯定會貶值。與此同時，全球普通飲料消費者的實際購買力也會大大上升。此外，消費者購買廉價商品的傾向也將使他的經驗豐富起來，而飲用水漲價則會相當快。

與此同時，隨著技術的進步，我們這種簡單產品的成本按照不變購買力來衡量將會下降。所有四種因素綜合下來都對我們每罐4美分的盈利目標有利。如果以美元來衡量，世界範圍內的飲料購買力很可能在一百五十年的時間裡至少上升40倍。反過來想，這使得我們每罐飲料的盈利目標在一八八四年的條件下只有每罐4美分的四十分之一或者說每罐1美分的十分之一。如果我們的新產品可以引起全球共鳴，那麼這個目標將會很容易超越。

這就決定了接下來我們必須解決的問題是：如何製造出這種具有普遍吸引力的飲料。在大的範圍內有兩個挑戰交織在一起：第一，我們必須開創一個新的飲料市場，它可以在一百五十年的時間裡占到全球飲料的四分之一。第二，我們必須悉心經營，在新開闢的市場中佔有一半的份額，所有其他的競爭者加在一起也只能分享剩下的一半市場份額。所有這些都稱得上是非常出色的成果。因此，我們必須調動所有我們能夠想到的有利因素來解決問題。簡而言之，只有在多種因素的共同作用下，才有可能達到我們所預期的效果。幸運的是，如果你在大學一年級的時候上每一節課都保持清醒狀態，那麼，這些互相交織的問題解決起來也就簡單明瞭。

就從研究我們不動腦筋就做出的簡單決定：必須依賴一個強有力的商標著手，研究這樣做的後果會怎樣吧。自然而然地，這種結果讓我們運用適當的基本專業術語來正確理解我們公司的本質。我們可以從基礎心理學課程的角度看到，我們本質上是要創辦一個產生和維持條件反射的企業。「可口可樂」商標及其商品包裝都將成為一種刺激，消費者購買和飲用我們的飲料，將會是我們所期望的那種反應。

那麼，怎樣才能創建或維持條件反射呢？心理學教材給出了兩個答案：首先通過操作性條件反射來實現；其次通過經典性條件反射，通常也稱為巴甫洛夫反射，這個名稱用以紀念這位偉大的俄羅斯科學家。鑒於我們想要得到一個十分出色的結果，我們必須同時使用上述兩種條件反射技術——還要發明各種手段來增強每種方法的效果。

我們問題中的操作性條件反射這個部分很容易解決，我們只需運用以下方法：首先，使喝飲料的刺激最大化；其次，這種被我們創造出來、為我們所期待的條件反射，由於競爭產品也採用操作性條件反射而難以區分，我們必須將這種可能性降到最低。

對於操作性條件反射所能產生的回報，我們只發現以下幾種是切實可行的：

一、食物有提供能量或其他成分的價值；

二、根據達爾文的自然選擇理論，味道、質地和氣味等在人的神經系統裡會成為刺激消費的因素；刺激物，如糖、咖啡因；

三、人在熱的時候希望有涼爽的感覺，而冷的時候又希望有溫暖的感覺。

要想獲得非常顯著的成果，我們自然會將以上所有這些刺激因素都包含在內。

一開始，很容易就能決定我們的飲料要設計成在冰凍的情況下飲用。因為人們通過喝飲料來降暑的可能性大大高於取暖。此外，太熱的時候，人體的水分就會隨之消耗，反之則不然。我們也很容易就決定在飲料中同時加入糖和咖啡因兩種成分。畢竟，茶、咖啡和檸檬水已經遍地都是。同時我們也很清楚地知道必須經過無數次的試驗和失敗，帶著狂熱的心態才能決定出新飲料的口味和其他特性，使它能在同時含有糖和咖啡因的情況下使人們的愉悅感受達到極點。

而且，我們所希望的那種操作性條件反射一旦受到激發，也就很有可能被同類

產品使用的操作性條件反射所取代，為了避免這種情況的產生，同樣有一個明顯的答案：要在最短的時間內讓我們的飲料出現在全球各地，隨處可見。我們應該將這個想法變成公司每個人都瘋狂追求的目標。畢竟，如果沒有試用過，任何競爭性的產品都不會對我們造成威脅。

我們下一個必須考慮的是如何利用巴甫洛夫的條件反射原理。在巴甫洛夫條件反射實驗中，強烈的效果僅僅來源於兩種行為之間的聯繫。鈴聲刺激了狗的神經系統，使其在不吃東西的情況下也加快唾液分泌。看著那個自己永遠都得不到的美女，男士的大腦會對她手裡握著的那種飲料產生強烈的渴望。因此，我們必須利用各種各樣我們可以想到的、合情合理的巴甫洛夫條件反射。只要我們身處這個行業一天，我們的飲料及其促銷活動都必須在消費者的腦海中和所有他們喜歡或欣賞的事物聯繫起來。

要建立如此大規模的巴甫洛夫條件反射必然耗資不菲，尤其是花在廣告上面的費用。我們將會以難以想像的速度付出巨額資金，不過這些錢是花在了刀刃上的。由於我們在新的飲料市場中快速擴張，我們的競爭對手如果想要創造他們所需要的巴甫洛夫條件反射效應，就處於劣勢地位，必須花更多錢做廣告。這一結果，再加上因銷售量創造的影響力而產生的效應，應該能夠幫助我們在任何一個新市場都佔有並保持至少50％的市場份額。事實上，假如購買者分散在各地，我們比別人更高的銷量會為產品分銷提供巨大的成本優勢。

此外，因連鎖反應而產生的巴甫洛夫效應可以幫助我們選擇新飲料的口味、質地和顏色。考慮到巴甫洛夫效應，我們明智地選擇了帶有異國情調、聽起來很高級的名字——「可口可樂」，而非什麼平淡又缺乏想像力的「格洛茨牌咖啡糖水」。出於類似的巴甫洛夫條件反射原因，讓我們的飲料看起來更像葡萄酒而非糖水，絕對會是一種明智之舉。因此，如果這種飲料原本看起來是透明的，我們就必須人為地加入一些色素。

同時，我們會在飲料中充一些碳酸氣，讓它看起來更像香檳或其他一些高檔的飲品，當然也要使其味道更佳，並為那些競爭模仿者製造壁壘。並且，由於我們要在產品上附加如此多的心理效應使其顯得高檔，所以，那種口味必然與其他任何普通口味都不一樣，由此我們可以為競爭者製造最高難度的挑戰，同時不留一絲機會讓任何市場上現有的產品因為口味和我們撞車而漁翁得利。

除此之外，心理學教材中還有什麼可以幫上我們新公司忙的理論嗎？人的天性

中有一種強大的「有樣學樣」心理，心理學家稱之為「社會證明」。在此處可以理解成僅僅因為看到別人消費的場面就激發了某人的模仿型消費。它對我們的幫助不僅僅是誘惑人們試喝我們的飲料這麼簡單，還會對人們的消費行為給予鼓勵，而且這種鼓勵是能親身感受到的。我們無論是在設計廣告、籌劃促銷活動還是考慮以放棄眼前的利潤為代價，增加現在和未來的銷售量時，都必須時刻顧及強有力的社會證明因素。就增強企業的銷售能力而言，增加每條分銷渠道的銷售額，比研製其他許多產品更有幫助。

我們現在可以知道的是——

（一）應用大量的巴甫洛夫條件反射；

（二）利用強有力的社會證明效應；

（三）發明一種飲料能因為口感極佳、補充能量、興奮神經同時也如人們期望的那樣是冰鎮的而引起消費者多重的操作性條件反射。

通過以上三點的結合，我們將利用這些精心選擇的因素，使銷售額在很長的一段時間內加速增長。因此，我們即將開始一種類似於化學中的自我催化效應，而這正是我們想要的那種卓越效果，是由多種因素引發的。

於是，我們公司的物流和分銷戰略將很簡單。要銷售我們的飲料，只有兩種實用方法——

（一）作為原漿賣到冷飲櫃和飯店裡；

（二）完全將它當作罐裝碳酸飲品。

要想得到極具影響力的效應，我們自然而然就會兩種方式都採用。同時，想要獲得明顯的巴甫洛夫條件反射及社會證明效應，我們必須長期進行廣告宣傳和產品促銷活動。超過原漿價格40%的費用將用於銷售管道。

只需要少數幾家原漿製造廠就能滿足全世界的需求。但是，每一罐飲料都佔用空間，而且其中大部分都只是水而已，運來運去毫無必要，為了避免這種情況，我們需要在世界各地分設瓶裝工廠。如果能建立「第一銷售價格」（正如通用電氣對其發明的電燈泡一樣），不論是我們的原漿液還是任何帶包裝的產品，都能使利潤最大化。牢牢地掌握利潤的控制權的最好方法就是讓每個獨立的裝瓶商成為我們的

分包商而不是原漿的買主，當然更不會成為原漿的永久特許經營商，更不能把原漿的價格永遠都固定在最初的價格上。

由於無法為我們最最重要的口味申請專利，我們將像強迫症患者那樣去保證配方的安全。我們還會在秘方保存方面大肆炒作，把它說得玄乎其玄，從而進一步增強巴甫洛夫效應。隨著食品工程學的發展，其他人最終可以把我們的產品口味複製到幾乎一模一樣的地步。不過，到了那個時候我們已遠遠走在前面。由於有非常強勢的品牌，完善的、「隨處可得」的全球分銷系統，口味的複製不會成為我們向目標前進的障礙。食品化學的進　固然幫到了我們的競爭者，但同時技術革新也將相伴而來，給我們帶來益處。比如說製冷技術、更快捷的運輸，還有針對減肥者在飲料中加入糖的口味卻無須加入糖的熱量等技術。此外，相關的飲料機遇還將接踵而至，我們必須牢牢地把握。

最後再讓我們運用卡爾・雅可比的逆向思維檢查一下企業發展的計畫。有什麼是我們所不希望，因而一定要避免的？看來有四個明確的答案——

第一，必須避免喝完後因為飲料甜得發膩而產生抗拒感，從而停止購買行為。這種行為屬於生理學的標準流程，根據達爾文的進化論學說，是因為基因載體上被施加了一種普遍有效的自我節制影響，用於增強人類基因的複製。為了讓消費者能在炎熱的天氣下一瓶接一瓶地飲用我們的產品而不會生膩，我們將在不斷嘗試和屢次失敗中找到一種美妙的口味，讓問題迎刃而解。

第二，我們必須避免商標甚至商標中部分名稱的盜用。這將讓我們損失巨大。打個比方，如果由於自己的疏忽大意導致市場允許其他種類的「可樂」進行銷售，例如，「百比可樂」。如果真的存在這種「百比可樂」，我們也一定是這種品牌的擁有者。

第三，在擁有如此巨大成功的同時，也應該避免因嫉妒帶來的負面效應。作為人類的一大天性，嫉妒在「十誡」中居於顯著的位置。亞里士多德曾說，避免嫉妒的最佳方式就是（讓自己）名副其實。我們將孜孜以求地追求產品品質、包裝品質和合理的價格，在無害的基礎上給人們帶來愉悅的感受。

第四，招牌式的口味風靡整個新市場後，應當避免對口味做突然性或重大的調整。即便在蒙眼測試中新口味的表現更好，改變口味也是蠢事一件。這是因為我們

的傳統口味已經深入人心。根據心理學有限選擇效應，對口味做重大調整有弊無利。如果激發了消費者剝奪性反應過激症狀（因已擁有的東西被剝奪後產生的強烈的不適反應）——會讓人類難以面對「失去」，也會使大多數賭徒失去理智。此外，這樣的調整能夠讓對手通過複製我們原先的口味，利用這兩種情況——消費者剝奪性反應過激症狀產生的反感情緒，通過我們之前的努力而贏得的消費者對原始口味的偏愛——而漁翁得利。

以上就是我對如何在扣除數億紅利後把200萬美元增至20,000億美元的對策。我認為，它將贏得身處一八八四年的格洛茨的贊許，也能比你一開始所想的更有說服力。畢竟，運用學術上的有效觀點後，決策的正確性就顯而易見了。

我提出的解決方法跟目前現實世界中可口可樂公司的發展有多一致呢？直到一八九六年，也就是虛構的格洛茨用200萬美元大刀闊斧地進行企業擴展過後的十二年，現實中的可口可樂公司獲利低於15萬美元，盈利幾乎為零。之後，它還把自己的商標丟掉了一半，而且以固定的原漿價格批准了永久性特許經營裝瓶商。有一些裝瓶商的效率並不高，可口可樂公司對此束手無策……

在這種系統下，失去了價格控制能力，如果它能保留這種能力，情況可能會完全兩樣。即便如此，實際上可口可樂公司遵循了交給格洛茨計劃的大部分內容，目前它的價值是1250億美元，為了在二〇三四年實現20,000億美元的目標，每年必須以8%的速度增長。如果至二〇三四年這段時間裡，它的供應量能以6%的速度增長，很容易就會達到年產量29,200億瓶的供應目標。而且在二〇三四年後，可口可樂代替白開水的空間還很大。

所以，對於虛構的人物格洛茨來說，如果他能夠更加迅猛地行動，避免發生最嚴重的錯誤，本可以輕鬆地達到20,000億美元的目標，甚至可以在二〇三四年之前就可以圓滿完成呢！

第八章

他永遠是世界第一聰明的人

I・巴菲特是第二聰明的人

每年春天，數以千計的人前往位於內布拉斯加州的奧馬哈參加伯克希爾公司的年度股東大會，當然他們是去看巴菲特的，不過對台上那個坐在巴菲特身邊，時不時幫助這位「奧馬哈先知」回答問題的老人家，他們也非常感興趣。表演通常是這樣進行的——

巴菲特先回答問題，時間長短由他決定。

最後，他會轉向芒格，問道：「你還有什麼要補充的嗎？」

芒格一動不動地端坐在那裡，回答簡單而明白：「沒什麼要補充的。」

偶爾，芒格也會提出一些觀點，然後說上一小段。

一旦芒格開口說話，聽眾們都會全神貫注地聽他發表看法。

在追尋人生智慧的途中，他不在意自己是否站在聚光燈下。

甚至，他希望自己的財富恰好保持在富比士富豪榜名單的水準之下，這樣他就能避開聚光燈，免受公眾的關注。

不過，巴菲特的長子霍華德曾說：「我爸的確是我認識的人中第二聰明的！」於是，有人問他：「那麼誰是第一？」

霍華德說：「查理・芒格第一，他永遠是世界第一聰明的人！」

芒格曾經說：你一定要和有水準的人做生意，永遠不要和一頭豬玩摔跤，因為如果你這麼做了，你們兩個都會變髒，但是豬會樂在其中。

好企業和差企業之間的區別在於，在好企業裡你會做出一個接一個的輕鬆決定，而差企業的決定則常常是痛苦萬分的。

股神巴菲特最常掛在嘴邊的人，是和他並肩作戰六十多年的合夥人查理・芒格。「我對他的感激無以言表。」

查理・芒格曾經說過一句話：「如果我們在生活中唯一的成功就是通過買股票發財，那麼這是一種失敗的生活。成功的投資只是我們小心謀劃、專注行事的生活方式的副產品。」

我們要能夠比其他人更快更準確地分析出任何種類的交易，能夠在60秒內找出令人信服的弱點。但是，生活不僅僅是精明地積累財富，我們要追求人生幸福，我們為此可以採取逆向思考的方式：如果要明白人生如何才能得到幸福，首先研究人生如何才能變得痛苦；研究企業如何做強做大，首先研究企業如何倒掉。

生活上的大多數成功來自於你應該知道避免哪些事情（死亡、糟糕的婚姻、愛滋病、吸毒）。培養良好的行為習慣，避免邪惡之人，尤其是那些性感誘人的異性。在生活裡面我們要擁有良好的客觀態度、個性素質——自律、耐心、冷靜、獨立。

當然，你這麼做會讓你有所孤立，但是如果你因為你的特立獨行而在周圍人中不受歡——那麼你就隨他們去吧。

對於生活，我們追求樸素，一切從簡：我們賺錢，靠的是記住淺顯的，而不是掌握深奧的。我們從來不試圖成為非常聰明的人，而是持續地試圖別變成蠢貨。久而久之，我們這種人便能獲得非常大的優勢；我們並不自稱是道德高尚的人，但至少有很多即便是合法的事情，也是我們不屑去做的（有性格的人才能拿著現金坐在那裡什麼事也不做）；

所以，對於「謊言」我們的辦法很簡單——「說真話」。因為這樣就無需記住你的謊言了——就這麼簡單；滿足我們已經擁有的：在生活中減少物質需求——你不需要很多物質的商品來滿足自己大量愚蠢的需求（這些需求自然會很快消失）；在生活中不斷培養自己理想性格（投資性格）：毫不妥協的耐性、自律，自控——無論遭受多大的壓力也不會動搖或者改變原則。

查理・芒格認為，麥當勞是最值得尊敬的機構。「要是名牌大學能提供像麥當勞這樣有用的教育，我們的世界將會更美好。」這種誇讚是打從心底出發的。

這麼多年來，麥當勞為數百萬美國年輕人提供了第一份工作，拯救了一大批問題青年，並且教會他們人生第一課——「承擔工作的責任，做可靠的人。」

——可靠不能保證你贏得一時，但能幫你贏得一世。

查理有一個患有嚴重閱讀障礙的大學室友，幾十年過去了都沒好。

但這個連普通人都比不上的室友，目前掌管著某個數十億美元的企業，生活美滿，太太漂亮聰明，子女出色。

查理認識很多人，見過很多天才，但這個室友是他見過最可靠的。可靠會讓一個人擁有好運。靠譜的人生，距幸福很近，離成功不遠。

而反覆無常會讓人遠離信任，永遠只能做個二流三流的人。

查理年輕時四個最好的朋友，都是查理鑒定過的，個個都非常聰明、正直、幽默，自身條件和家庭背景都很好。

但現在，四個中有兩個英年早逝，死於酒精。至於第三個「現在還在醉生夢死地活著——如果那也算活著。」

這就像寓言裡的兔子，只不過跑得比他們快的，不再只是一隻優秀的烏龜，而是一群又一群平庸的烏龜，甚至還有些拄著拐杖的烏龜。令人不勝唏噓！

因此，他認為生命是一場長跑，而可靠的永遠是要擁有良好的體力。

2・查理・芒格的成功學

查理・芒格的成功有套路可尋，他能有今天，靠的是不去追逐平庸的機會。因為他自己說過，「我從不追求平庸的機會！」

大聯盟的泰德・威廉斯是查理・芒格很喜歡的一位選手。他是過去70餘年來，唯一一個在單一個賽季打出四百次安打的棒球運動員。這位運動員並不是所謂的天才，而是奉行一個原理：

把擊打區劃分為77個棒球那麼大的格子。只有當球落到他所認為的「最佳」格子裡，他才會揮棒。

泰德是大聯盟波士頓紅襪隊的外野手，他曾獲得十七次入選明星賽，兩次美聯MVP最有價值球員，六次打擊王，兩次三冠王是一個相當優秀的職棒好手！

當我們年輕的時候，我們在工作中應該儘量做到以下三點，當然了同時滿足他們幾乎是不可能的，但你應該努力去嘗試：

（一）不兜售你自己不會購買的東西

（二）不為你不尊敬和敬佩的人工作

（三）只跟你喜歡的人同事

工作上我們常常會主動或被動地有保留地接受專業顧問的建議，這裡給出一般的對策，我們也提出了三點建議：

（一）如果一個顧問提出的專業建議對他本身特別有利，你就應該特別害怕這些建議了。

（二）在和顧問打交道時，學習和使用你的顧問所在行業的基本知識。

（三）覆核、質疑或者更換你得到的建議，除非經過客觀考慮之後這些建議看起來是合理的。

隨著時間流逝，我們在長大，而我們的人生在不同階段會遇到不同的難題，非常棘手的難題。這時候有三點有助於應付這些困難：

（一）期望別太高；

（二）擁有幽默感；

（三）讓自己置身於朋友和家人的關愛之中；

總而言之，最重要的是，要適應生活的變化。如果世界沒有改變，我們現在身上會有更多的缺陷。

有關我們在學校的教育，我們必須要認識到其局限性。很多聰明人之所以會犯錯，大都是他們沒有掌握所有重要的模型，把它們當作檢查清單，用來審視各種複雜系統的結果。我們不能依照你們教授傳授的方法來學習。你們應該學習他們傳授的一切——但你們還應該學習許多他們沒有教的知——因為這些教授們並沒有正確地對待他們自己的學科，大多屬於教授用一個假定來解決這個問題：「如果我不能用實驗來證明它，它就是不存在的。」

然而，他們的假定明顯是愚蠢的，如果有的事情在生活中極為明顯，但很難通過容易做的、可重複的學術實驗得到證明，這些的訊息就會忽略它。如果有些東西

非常重要，但由於道德約束，你們無法完美而準確地證明它，那麼你們也不應該把它當作是不存在的。你們必須經歷而為，利用現有的證據去證明它。

而在你學習了心理學之後，你也要注意：裝備基本的心理學力量的技巧（也就是說當你知道該怎麼做）之後，你們必須依據道德規範來調整自己的行為。並不是你們懂得如何操控人們之後，就可以隨心所欲地去操控他們。如果你跨過了道德的界限，而你們試圖操控的那個人因為也懂得心理學，所以明白你們的用意，那麼他就會恨你們。

當然了，我們的腦子沒有那麼好使，很多時候我們的確很難記住一些東西，還好前輩們給我們留下了兩樣寶貝：圖表和優秀的文學作品。前者可以彌補彌補我們天生不擅長處理數字的缺陷；而後者逼著我們需要略加思考才能理解——只有這樣它對我們的影響會很深，我們會更牢固地記住它（如果你動腦筋才懂得某個道理，你就會更好地記住它）。

世界上不存在不犯錯誤的學習或行事方式，只是我們可以通過學習，比其他人少犯一些錯誤——也能夠在犯了錯誤之後，更快地糾正錯誤。但既要過上富足的生活又不犯很多錯誤是不可能的。實際上，生活之所以如此，是為了讓你們能夠處理錯誤。那些破產的人的通病是無法正確地處理心理的否定。

當世人想著人生如何得到幸福時，查理正在研究人生如何才能變得痛苦。

當所有人蜂擁而上研究企業如何做強做大時，查理正在研究如何衰敗。

當大部人關心如何在股市上投資成功時，查理反而最在意為什麼股市的投資人大都會失敗。

查理手握全人類著名失敗案例大全。他一生都在不斷收集這些悲慘案例，從各行各業的企業，到政府管制、學術研究，應有盡有。

他把那些失敗的原因排列出來，做了正確決策的檢查清單：

（一）避免脫離安全邊際
（二）避免和道德品質有問題的人交易
（三）避免資本金持續虧損
（四）避免在能力圈外做重要決策
（五）避免追求虛假的精確

（六）避免愚弄你自己

（七）避免妄自尊大和無聊厭倦的情緒

（八）避免過度關心細節而忽略顯而易見的東西……

繞開一些毫無新意的圈套，少犯傻，就這麼簡單地堅持一輩子，你就會超越許多在你之上的人，無論他們有多聰明。

芒格曾說：「從喜詩糖果我學到了很多：思考和行事方式必須經得起時間的考驗。這樣的經驗讓我們在其他地方的收購更為明智，做出了更好的決定。」

最後，筆者有話要說：雖然有人說芒格是投資界的哲學家，但我們在看完這部簡約的芒格故事之後，也可以發現芒格其實也是生活的哲學家。

綜觀全書，你可以看到他不管在事業上或在生活上都過得從容不迫，一年四季不慍不火、悠然自得。更令人敬佩的是，到今年已經97歲高齡的他，仍然每天快槳的工作、快樂的閱讀人生，芒格真是一個世界上最幸福的智者……

終章

幸福是除了金錢之外，還要有生活

I・選股就像賭馬

對只有一把「錘子」（hammer）的人來講，所有的問題在他眼裡都是「釘子」（nail）。所以，我們為什麼不嘗試多學會使用幾種工具或者選擇更加適合自己的工具呢？

我很喜歡把股市比喻為賭馬，難道不是麼？大家都來下注，於是賠率不斷變化。再笨的人也明白，一匹馬，輕裝上陣，站位好，歷史記錄良好……贏得比賽的概率當然大，反之就是所謂的冷門。但如果結合賠率，你就會猶豫，因為冷門的賠率是100，而大熱門的賠率只有三分之二。從統計的角度便很難判斷怎樣才算更好或者最好的賭注，跑贏平均水平也變得更加困難。再加上莊家還要抽紅17%，難度又「被」加大了。

這樣的博弈中，智商當然能夠給你帶來優勢，因為很多人對馬的秉性和賽馬規則都不瞭解，只是在用自己的幸運數字來碰運氣。跟這樣的大多數人相比，對馬的歷史表現瞭如指掌的專業玩家，加上一定數學天份，勝算理應高些。可惜，經驗告訴我們，一個賽季下來，這些優勢最多能幫助減少損失，因為保證10%的贏率也許並不難，但尚且不夠跨越那17%的障礙。

我有個朋友，專門賭那種後面掛個車的賽馬，按說這種玩法不夠有效，對智商的要求也沒那麼高，但他不僅樂此不疲，乾脆將此作為自己的本職工作。不過他的方法是不經常下注，只有當他發現明顯有機會，或者偏離正常水平的賠率（mispriced bet）時才出手，在我看來他過得還真不錯（he made a substantialliving）。其實股市又何嘗不是如此呢，只不過抽紅的比例（交易成本）沒有那麼高而已。在同樣成本條件下，很多賭馬場上戰績卓越的高手都有一個共性：不經常下注。想來也是，你我皆凡人，不可能時刻掌握一切，但只要肯用心，總會在某一時刻遇到mispriced的賭注。

可惜，很少有基金經理能夠做到這一點（不像我和巴菲特），很多基金機構認為只要工作再刻苦一點，然後全部招聘商學院學生，投資時就可以做到「萬事通」，這是很瘋狂的想法。真正想贏，辦法只有一個：雖然同樣強調努力工作，但目的是力爭有一些感悟或見解（insights）。一個人一生究竟需要得到多少這樣的

感悟才能成功，我不敢講。不過我可以說，伯克希爾賺的所有錢，幾乎都可以歸功於排名前十位的感悟，換句話說，真正對投資有幫助或者起到決定作用的，只是讓你領悟最深的幾點，真的，幾點足矣。

據我所知，巴菲特會對商學院學生講，「我教給你們一招，可以讓你們投資收益大大增加。假設我給你一張卡，上面一共可以打20個孔，但是記住，打完這些孔，你的機會也就用完了。一生都抱著這樣的心態去做投資，你就會更加謹慎，也會懂得把握機會，該出手時要出手，而且要把子彈上滿。」我和巴菲特都認為這是再明顯不過（perfectly obvious）的道理。

我經常跟別人講一個故事，也許可以用來解釋，為什麼很多投資者（包括基金經理）會忽略這麼明顯的道理。一次我看到有人在賣釣魚鉤，感到很奇怪，就問，「怎麼會有紫色和綠色的賣呢？魚難道會更容易上鉤麼？」商販淡淡地回答道，「我又不賣給魚。」我恍然大悟，原來基金經理和賣魚鉤的商販處境一樣。

所以很多事情都是同樣的道理，要搞清楚決策人和決策人的動機。我經常舉的例子是聯邦快遞公司。這家公司負責把所有飛機召集在一起，然後裝貨，再轉運到所有目的地。任何一個環節出現延誤，就可能造成客戶不滿意。但事實是，公司想盡一切辦法，進行了職業道德培訓，失業威脅等等，都沒有起到作用。終於有人想出了一個主意：不要按小時付工資，而是按完成航班裝卸次數來付工資，果然，大家都不需要加班了。

怎樣才可以長期超越大盤？很多人採用所謂「板塊輪動」的操作方法，即要確保時刻都在當下最熱門的行業中，石油表現超越零售商時，毫不猶豫丟擲後者，這樣只要每一次都比其他人做得好，理應最終勝出。我不是說這樣不可能，但據我所知，沒有人是完全通過這種方法投資成功。另一種方法是Ben Graham的重置法，即當股價低於重新出售這家公司所需的價格，就算「便宜」。但這種方法的弊端是Graham的時代並不是普通條件，而是大蕭條時期。隨著投資者「越來越聰明」，教條主義者會發現「白撿」的機會越來越少，所以投資者只好不斷賦予「便宜」新的含義。

巴菲特一生的投資經歷都與Graham的「市場先生」概念有關（Mr. Market，與其說市場時刻都有效，不如說有效的市場一直給我們機會，讓我們利用其他投資者心理變化，從中獲利。由於投資者心裡變化，當我們想買入股票時，市場會對我們說，「有人想以比你想像價格低得多的價格賣給你」。當我們想賣出股票時，市場

會對我們說，「有人想以比你想像價格高得多的價格買入」。所以市場隨時都在給我們機會，我們需要做的是做出決定，全部還是部分買入／賣出。能在這樣很多同行都是焦躁抑鬱症患者的行業工作，是我們的福氣。但是我和巴菲特有一點做法與Graham不同，Graham從來不接觸上市公司高管層，原因是他當時開發的投資方法是針對大眾，很顯然大眾不會有機會與管理層接觸。更何況如果遇到不厚道的管理層，反而容易受到誤導。這些年來我們的實踐表明，有些公司的管理者明顯具備超出常人的能力，即使這些公司的市淨率已經達到2倍或者3倍，依然應該買入。

另外一種投資方法是選擇有巨大潛力的行業（better business）：如果一隻股票收益率一般，即使長期持有期內保持此增長速度，而且買入時明顯折價，也不如一隻收益率明顯高得多的公司，即便買入價並不是很「便宜」。

怎樣選擇這樣的公司呢？一種方法是選擇這些公司尚「小」時（比如剛剛公開上市）介入，當然這一點對於大資金有些困難。這時與管理層接觸，對管理層做出判斷便成為重要的投資決策因素。比如，因為Jack Welch我們會投資通用，而不是西屋電氣。如果已經選到了這樣的行業，但自己沒有把握住，沒有把子彈上好（load up），那就是最大的錯誤了。

另外一種十分難得的盈利機會來自發現企業手中有很大的定價權，例如迪斯尼發現即使提價遊客也依然不見減少，再加上管理層做出正確的決定，接下來需要的就是投資者的信念和勇氣。

基金經理存在的通病是不知如何應對心理否認（psychological denial），這種心理狀態對投資和生活沒有任何幫助。他們應該認識到資產管理這個行業，與其他任何行業不同，其本質就是不創造任何附加價值。所以投資者應該學會反思，學會在自己的投資假設出現錯誤後，dis-learn（除了學習，還應該會去學習化的過程），及時推倒重來。（這是一種心理狀態，即我們希望見到的都是自己堅信不移的東西；或者說面對不願接受的事實時，便下意識地否認其存在。例如突發心臟病，卻告訴自己不是，結果可能錯過最佳急救機會，造成致命危險。又比如我們會想，「已經花費了這麼多心血、努力，和資金，如果我再加把力，說不定就可以成功，而如果這時不努力一把，所有的心血都會化為烏有」。）

2・將人生各種打擊變成真正有用的經歷

Wisdom acquisition即智慧獲得。從這兩個詞就可以看出芒格對生活的領悟。從某種程度上講，我們每個人一生都被學習「套住」（hooked）。如果不將學習視為終身過程，永遠做不好事情。我們不可能因為已經擁有的經歷（知識），而到達某一目的地，只有在離開這個地方，帶著從中學到的東西向下一個目標出發，才能夠不斷前進。我見過很多成功的人，他們很多不是同輩中最聰明或者最勤奮，但他們一定會把自己打造為學習機器（learning machine）。每天睡覺前捫心自問，是不是比當天早晨起床前聰明了。哪怕一點點，這樣的方法對還有很長人生道路的年輕人尤為重要。

Cross-disciplinary即跨學科。芒格本身就是「跨學科」通才的傑出代表，他曾經學習過多個專業，也曾經做過律師，所以他本人經歷很有說服力，而且這方面優勢明顯。有一位先哲西塞羅曾經說過，「一個人如果對自己出生前的事情一無所知，那麼他一生都無法成熟。」這句話我很贊同，它告訴我們學習瞭解歷史的重要性。其實，除了歷史，每一門學科都有很多大道理（bigideas）值得我們學習掌握，我說的不是背書本，而是寫在考卷上，然後得個A，我說的是將所有這些學科的理論框架，在自己的頭腦中構建一個網路，隨時隨地可以拿出來使用。我可以非常鄭重地向你們保證，如果能夠做到這一點，有一天你會發現你的周圍已經沒有能夠與你比肩的人。相反，如果沒有能夠做到這一點，即使你在同輩人中天資最高，也只能一生碌碌無為。

如果你承認自己的智商沒有超過愛因斯坦，那麼不妨按照這種方法解決複雜的問題：倒過來想。比如，你想幫助印度這個國家，那麼你不應該問：我做哪些事情可以幫助印度？你應該問：印度這個國家現在最大的威脅是什麼？我要怎樣才能避免犯這個錯誤？再比如，大家都希望成功，這時最應該搞清楚的問題是人生最應該避免哪些錯誤？我的答案是缺少誠信。因為缺少誠信，任何優良品質都可以一筆勾銷。那麼路徑就很清晰：誠信自然而然就會成為所有行為動力。

還有一件非常重要的事情，提醒年輕人也一定要儘量避免。不要過早「站隊」（avoid extremely intense ideology），或者說不要受到某種思想理念或者意識形態

方面的禁錮。很多年輕人容易被某種意識形態吸引，然後高聲宣佈自己永永遠遠堅定支援這一陣營。這樣做只有一個結果，就是不斷地自我強化和僵化，最後毀了自己。年輕時的理念想法，如果固執己見，會成為一生中最大的風險。我經常給自己舉這個例子，斯堪地那維亞的划獨木舟高手，「馴服」了附近所有湍急的河流，決定來挑戰美國的大漩渦。我的答案是，必死無疑。大漩渦，正如背景很「深」的意識形態，跟一般的急流，根本不是一個概念，不要輕易去碰。我的做法是，在我真正瞭解一個觀點，並且能夠確認比辯駁我的人更加有說服力之前，我絕不開口。

我很慶幸自己很早就認識到non-egality（不公平性）。美國最好的籃球教練，曾經對自己的隊員說，墊底的5名隊員，永遠不會有上場的機會。因為最優秀的7名隊員就可以應付所有的比賽（精譯註：應該把傷病情況除外嘛）。這7個人，只要懂得學習，不斷進步，永遠可以贏得下一場和更多的比賽。人生也是一樣。機會不會永遠對每個人都是均等，要通過學習進步成為別人眼中「對」的人。

很多人都知道諾貝爾獎得主Max Planck（馬克斯・普朗克，德國物理學家，量子力學創始人，一八五八～一九四七年）和他的司機的故事，普朗克得獎後到處演講，於是就連每次陪他出去的司機都記住了他的演講詞。一次在慕尼黑，普朗克和司機對調了角色，碰到有觀眾提了很棘手的問題，司機機智地回答，「這麼基礎的問題，讓我的司機來回答就行了。」舉這個例子是為了說明，世界上的知識可以分為兩類，一類是普朗克知識，這類人有真才實學。另一類是普朗克司機和知識，他們掌握的只是高談闊論的表象，雖然也許他們的聲音和形象條件都不錯，但與第一類人永遠有區別。如果想把普朗克司機的知識轉化為普朗克知識，過程必將遇到巨大阻力，但這是必須的。

我還想談談人生面臨的打擊，每個人都會面臨不同程度的打擊，有些讓人痛苦，有些讓人痛恨（遭遇不公平待遇），但是讓我們時刻以先哲的話來勉勵自己：每一個錯失的機會都是學習進步的機會，不要自怨自艾，而應該將打擊變為真正有用的經歷。也許你們不會相信，你們見過一生之中時刻對困難抱有預期的人麼，我就是。但我可以告訴你們，我一點都沒有不開心，反而這樣的心態會時時刻刻幫我做好心理準備應對各種困難。

3・查理・芒格的四大投資心法

芒格的投資哲學與巴菲特同氣連枝，又各有精妙，在《窮查理寶典》和《查理・芒格傳》兩書中總結了芒格的四大投資心法，簡單中又深感哲理。

一、好球才揮棒

芒格認為股票投資人，可以一直觀察各公司的股價，把它們當成一個個格子。如果出現一個速度很慢、路線又直，而且正好落在你最愛的格子中間的「好球」，那麼就全力出擊。

二、「能力圈」法則

「可以投資的」標的，就是可簡單理解的項目，被歸類成「太難理解」的，一般投資人也應迴避，雖然錯過一些機會，但也因此才能避免犯下致命的錯誤。投資標的，可以分為三種：「可以投資的」、「不能投資的」，另一種就是「太難理解的」。

三、找最寬的護城河

必須記得：真正有寬廣護城河的企業，是那些具有高定價能力的公司。所謂「護城河」，就是保護企業免遭敵人入侵的無形溝壕。優秀公司擁有很深的護城河，並不斷加寬護城河，為公司帶來「可長可久的競爭優勢」。

四、找複利機器而非便宜貨

「股價合理的卓越企業，勝過股價便宜的平庸企業」，即便有些股票雖然價格是其帳面價值的兩三倍，但仍然是非常便宜的。

選好股票後，投資方式是「大量且長期持有」。即使你當時花了較高的價錢去買它的股票，你最終得到的回報也會非常可觀。竅門就在於買進那些優質企業，因為那就等於你買到了那家公司的成長動能。

4．生活不僅僅是精明地累積財富

一、如何獲得幸福和成功

如果你在生活中唯一的成功就是通過買股票發財，那麼這是一種失敗的生活。生活不僅僅是精明地積累財富。

生活和生意上的大多數成功來自你知道應該避免哪些事情：過早死亡、糟糕的婚姻等等。

避免染上各種性病、在平交道和火車搶道以及在派對角落吸毒。

培養良好的心理習慣。避免邪惡之人，尤其是那些性感誘人的異性。

如果因為你的特立獨行而在周圍人中不受歡迎……那你就隨他們去吧。

二、滿足於你已經擁有的

這裡是一句你的投資顧問可能會反對的真話：

如果你已經相當富裕，而別人的財富增長速度比你更快，比如說，在投資高風險的股票上賺了錢，那又怎樣呢！總是會有人的財富增長速度比你快。這並不可悲。

看看斯坦利・德魯肯米勒（他管理喬治・索羅斯的基金，由於投機高科技股票和生物科技股票而蒙受慘重的損失）吧：他總是必須成為最好的，無法容忍其他人在這些投資領域擊敗他。索羅斯無法忍受其他人從科技產業賺錢而自己沒有賺到，他虧得一塌糊塗。我們根本就不在意（別人在科技產業賺了錢）。

三、提防妒忌

關注別人賺錢（比你）更快的想法是一種致命的罪行。妒忌真的是一種愚蠢的罪行，因為它是僅有的一種你不可能得到任何樂趣的罪行。它只會讓你痛苦不堪，不會給你帶來任何樂趣。你為什麼要妒忌呢？

四、如何致富

——有個年輕的股票問查理要怎樣才能追隨他的足跡，查理的回答折服了在場的所有人。

許多年輕的生意人都問我們這個問題。這是一個聰明的問題：你看見某個有錢的老頭，然後問他：「我要怎樣才能變得像你一樣呢？」

爭取每天睡前比起床時聰明一點。認真地、出色地完成你的任務。慢慢地，你會有所進步，但這種進步不一定很快。但你這樣能夠為快速進步打好基礎……每天慢慢向前挪一點。到最後——如果你足夠長壽的話——大多數人得到了他們應得的東西。

五、如何找到好配偶

找到好配偶的最佳方法是什麼呢？唯一的最佳方法是你首先必須值得擁有好配偶的條件，因為從定義上來說，好配偶可絕不是傻瓜。

六、閱讀的重要性

我這輩子遇到的聰明人（來自各行各業的聰明人）沒有不每天閱讀的——沒有，一個都沒有。沃倫讀書之多，我讀書之多，可能會讓你感到吃驚。我的孩子們都笑話我。他們覺得我是一本長了兩條腿的書。

我本人是個傳記書迷。我覺得你要是想讓人們認識有用的偉大概念，最好是將這些概念和提出它們的偉人的生活和個性聯繫起來。我想你要是能夠和亞當・斯密交朋友，那你的經濟學肯定可以學得更好。

和「已逝的偉人」交朋友，這聽起來很好玩，但如果你確實在生活中與已逝的偉人成為朋友，那麼我認為你會過上更好的生活，得到更好的教育。這種方法比簡單地給出一些基本概念好得多。

七、減少物質需求

大多數人將會發現回報率下降了（由於通貨膨脹）。如果你擔心通貨膨脹，最好的預防手段之一就是在你的生活中別擁有大量愚蠢的需求——你不需要很多物質的商品。

八、慈善

（沃倫和我）覺得我們這些非常幸運的人有責任反饋社會。至於是像我這樣在活著的時候捐贈大量的錢，還是像沃倫那樣，先捐一點，（等去世之後）再捐很多，那是個人喜好的問題。我恐怕不會喜歡人們整天問我要錢。沃倫更無法忍受這種情況。

九、避免欠債

你一旦走進負債的怪圈，就很難走出來。千萬別欠信用卡的錢。你無法在支付18％的利息的情況下取得進展。

十、從一～九做好它，你就已成為一個生活的智者了！

〈全書終〉

國家圖書館出版品預行編目資料

查理・芒格睿智人生＝Charles Thomas Munger／
林郁編著，初版 --
新北市：新潮社文化事業有限公司，2024.01
面；　公分
ISBN 978-986-316-892-8（平裝）
1. CST：芒格（Munger, charles Thomas）
2. CST：投資　3.CST：傳記

563.5　　112017879

查理・芒格睿智人生
林郁　編著

【策　劃】林郁
【制　作】天蠍座文創
【出　版】新潮社文化事業有限公司
電話：(02) 8666-5711
傳真：(02) 8666-5833
E-mail：service@xcsbook.com.tw

【總經銷】創智文化有限公司
新北市土城區忠承路89號6F（永寧科技園區）
電話：(02) 2268-3489
傳真：(02) 2269-6560

印前作業　菩薩蠻電腦科技有限公司

初　　版　2024年01月